Als
U=Boots=Kommandant
gegen England

MELCHIOR
Historischer Verlag

Das
bemerkenswert erinnerungsreiche Buch

Als
U-Boots-Kommandant
gegen England
von
Günther Georg Freiherrn von Forstner

erscheint im Rahmen ausgewählter Literatur
als exklusive Reprint-Ausgabe in der
Historischen Bibliothek des Melchior Verlages.

Die Historische Bibliothek enthält wichtige
sowie interessante Bücher zur Geschichte
und lässt anhand dieser eindrucksvollen Zeitzeugen
bedeutende Ereignisse, Begebenheiten und Personen
aus längst vergangener Zeit wieder lebendig erscheinen.

Nachdruck der Originalausgabe von 1916
nach einem Exemplar aus Privatbesitz.

M
Reprint
© Melchior Verlag
Wolfenbüttel
2016
ISBN: 978-3-945853-35-1
www.melchior-verlag.de

Als U=Boots=Kommandant gegen England

Von

Günther Georg Freiherr von Forstner
Kapitänleutnant

MELCHIOR
Historischer Verlag

Als
U=Boots=Kommandant
gegen England

Von

Günther Georg Freiherrn von Forstner
Kapitänleutnant

MELCHIOR
Historischer Verlag

Inhalt

Zur Unterseebootswaffe kommandiert!

Alljährlich, ungefähr zur Zeit der großen Herbstmanöver, erfolgen in der Kaiserlichen Marine die Neukommandierungen der Offiziere für das am 1. Oktober jeden Jahres beginnende neue Ausbildungsjahr. Dem Außenstehenden kann kaum verständlich sein, was sie für uns Marineoffiziere alles bedeuten!

Wohl bringt auch den Offizieren unserer älteren und großen ruhmreichen Schwester — der Armee — das Militär-Wochenblatt oft einschneidende Veränderungen. Der eine wird vom Osten zum Westen versetzt und schwer fällt ihm der Abschied aus der liebgewonnenen alten Garnison, von lieben Kameraden. Ein anderer muß wie von den Kameraden auch von den in der Nähe seiner alten Garnison wohnenden Verwandten scheiden, um fernerhin in einer anderen Ecke unseres lieben Vaterlandes für Deutschlands Wehr und Ehr zu dienen! Da heißt es unter der Bevölkerung eines anderen Stammes unseres Volkes leben und dessen Söhne zu Streitern und Verteidigern von Thron und Vaterland heranzubilden!

Wir von der Marine haben nur wenige Garnisonen. Aus Masuren zum lachenden Rhein, oder aus einer kleinen ländlichen Garnison in eine Großstadt, oder gar in die Reichshauptstadt können wir nicht kommen. Wir bleiben stets alten Kameraden und der Wasserkante nahe. Stets finden wir Bekannte in unserer neuen Marinegarnison, unserem neuen Heimathafen, und sogar ein mehrjähriges Kommando auf einem Auslandskreuzer trennt uns nur für diese Zeit von alten Freunden, während wir auch auf jedem unserer Schiffe draußen schon alte Bekannte von früher aus der Heimat vorfinden.

Dennoch gibt es einen großen tiefeinschneidenden Unterschied zwischen unseren Kommandierungen und den Versetzungen unserer Kameraden der Armee.

Es heißt bei uns so oft, einer lieben alten Waffe Lebewohl zu sagen und zu einer neuen Waffe überzutreten, oder gar auf noch nicht bekannter Schiffsgattung unserem Allerobersten Kriegsherrn zu dienen. Vom Linienschiff mag es auf ein Torpedoboot, vom Torpedoboot auf einen Kreuzer oder vom flinken Kreuzer in eine Landstellung, auf den Drehschemel eines Bureaus, in die „Papierkneipe" gehen! Derartige Wechsel der Waffe kennt die Armee kaum. Der Infanterist bleibt Infanterist, der Kavallerist auf stolzem Rosse, und der Artillerist verläßt seine Kanone nicht. So muß es dort sein — anders bei uns.

Der Kommandant eines Torpedoboots muß auch mit dem Dienst auf den großen Brüdern — Linienschiffen und Kreuzern — vertraut sein, denn nur, wer das Leistungsvermögen der anderen Waffe kennt, kann ihre Fahrzeuge wirksam angreifen und zur Strecke bringen. Auch ist ein Wechsel in der Besetzung der verschiedenen Schiffsklassen schon notwendig, weil auf kleinen Fahrzeugen nur Offiziere bis zu einem gewissen Dienstgrade und Dienstalter Verwendung finden.

Wie in den Regimentern der Armee wird also auch auf allen Schiffen der Flotte den Veränderungen mit den größten Erwartungen entgegengesehen. Freude wechselt nach der Veröffentlichung mit gemischten Gefühlen. Hier ist das erhoffte Kommando als Kommandant eines flinken Torpedobootes erreicht! Hurra! Es geht zur schwarzen Kunst zurück, zur alten liebgewonnenen schneidigen Torpedowaffe, die man traurigen Herzens vor einigen Jahren als flotter Wachoffizier verließ. Dort aber steht ein Kamerad allein und stumm. Nein, er schimpft: denn er muß an Land, er sieht den grünen Tisch und die dicken Aktenbündel in Gedanken schon vor sich. Zu ihrem stärkeren Anschwellen soll er in den nächsten Jahren, ach, noch so wesentlich beitragen!

> „Bewahr uns Gott vor Sturm und Wind
> Und Fässern, die voll Tinte sind!"

Diesen schönen alten Seemannsspruch gab uns seinerzeit, als wir als Fähnriche zur See den Staub der Marineschule, die etwa der Kriegs= schule der Armee entspricht, von unseren Schuhen schüttelten, unser allverehrter Direktor der Ma= rineschule mit auf den Weg und erweckte in unseren jungen Herzen zündende Begeisterung. Aber doch hat es schon viele von uns gehascht — das dumpfe Geschäftszimmer etwa eines Adju= tantenpostens. Fast immer wird ein solches Land= kommando ungern vom Seeoffizier angetreten.

Da erinnere ich mich an eine Geschichte, die vor Jahren in der Flotte ein eben beförderter junger Leutnant sich leistete. Aus persönlichen Gründen bat er seinen Kommandanten, ihm für den Winter ein Landkommando zu verschaffen. Der gutmütige alte Herr, eine echte prächtige Seemannserscheinung, der man auf den ersten Blick ansah, daß er so manches Mal das Welt= meer mit seinem Schiff durchquert hatte, hielt es für gänzlich unverständlich, daß ein blutjunger, eben erst zum Leutnant beförderter Seeoffizier sich nicht nach der „Christlichen Seefahrt" anstatt nach dem Staube des Kasernenhofes sehnte. Er klopfte dem Bittsteller daher liebevoll auf die Schulter und fragte nur, mit welchem Lebens= alter er in die Marine eingetreten sei. „Mit achtzehn Jahren, Herr Kapitän!" lautete die

Antwort. „Na sehen Sie mal, da sind Sie nun achtzehn Jahre lang ununterbrochen hintereinander an Land gewesen und wollen jetzt schon wieder dorthin? Wenn Sie es erst auf eine ebenso lange Fahrzeit an Bord gebracht haben werden, dann können wir vielleicht wieder einmal darüber reden!" Beschämt und gründlich bekehrt verließ der Leutnant die geheiligten Räume der Kommandantenkajüte, und soviel ich weiß, hat er bis heute sein Gesuch nicht wieder erneuert.

Nun brachte uns im Jahre 190.. die Herbstkommandierung etwas gar Überraschendes. Bisher war man von Schiff zu Schiff oder allenfalls zwischendurch auf ein Torpedoboot kommandiert worden, und konnte stets schon bei Ausspruch der Kommandierung gleich einen Überschlag machen, ob das neue Kommando einem wohl auch gut läge. Doch jetzt? Ja, da steht es schwarz auf weiß: „Zur Unterseebootswaffe kommandiert!"

In ein tiefes unerforschliches Dunkel verschwanden die Gedanken bei dem Versuche, mit diesem kurzen inhaltsschweren Tenor der Kommandierung etwas Greifbares zu verbinden. Stolz waren wir wenigen Kameraden, die für die neue U-Boots-Waffe ausersehen waren, alle sofort. Mit Recht stolz darauf und froh, weil wir uns sagen durften, hier sei wahrscheinlich etwas zu leisten bei Entwicklung einer neuartigen

Waffe, die unser Allerhöchster Kriegsherr eben erst den anderen Waffen der Marine zugesellt hatte. Aber, offen gestanden, mischte sich in diesen berechtigten Stolz wohl bei allen ein nicht minder berechtigtes Gefühl der Besorgnis: „Wirst du es auch schaffen?" Wußte doch niemand von uns, wie sich seine neue Tätigkeit und seine neuen Lebensverhältnisse nunmehr gestalten würden. Vielleicht fragte auch mancher, ob er den körperlich gewiß hohen Anforderungen an das Leben auf einem Unterseeboote wohl gewachsen sein würde. — —

Bekanntlich entwickelten die Franzosen, denen die Engländer nur ungerne, in schlauer Vorsicht, folgten, als erste einen brauchbaren Unterseebootstyp. Wir dagegen hielten uns in richtiger Bewertung bei den ersten kostspieligen, langwierigen und nicht ganz gefahrlosen Versuchen mit U-Booten scheinbar — nur scheinbar — im Hintergrunde, bis die Versuche endlich front- und kriegsbrauchbare Unterseeboote geliefert hatten. Wohl fehlte es nicht an Stimmen im Volke und, wie ich jetzt wohl aussprechen darf, auch in der Marine, die schnelleren Ausbau der neuen U-Boots-Waffe forderten und gegen das vermeintliche Zögern unserer verantwortlichen Marinebehörden eintreten zu müssen glaubten, da die Franzosen nach ihren Schilderungen bereits glänzende Erfolge zu verzeichnen hatten.

Es war gut, daß wir nicht wie unsere Gegner von heute mit Nachrichten über Friedenserfolge unserer U-Boote prahlten! Wir sahen ruhig zu, wie fremde Nationen sich vor den Völkern des Erdballs mit Erfolgen ihrer Unterwasserboote brüsteten. Wir konnten es ruhig tun! Unsere Stunde kam später. Das wußten wir! — Darum gelang es uns in diesem Kriege zu Lande, auch zu Wasser neue, fast unbekannte Streitmittel gegen unsere Feinde einzusetzen und ihnen arge Überraschungen zu bereiten.

Die größte Überraschung hat wohl Laien und Fachmännern das im bisherigen Verlaufe des Seekrieges oft entscheidende Auftreten unserer U-Boote gebracht.

Weder unser Volk noch die Feinde hatten im Vergleiche unserer und feindlicher Seestreitkräfte viel mit der U-Boots-Waffe gerechnet. Doppelt groß war das Staunen, als sie dem Seekrieg, wenigstens in der ersten Zeit, geradezu ihren Stempel aufdrückte.

Ich erinnere mich genau eines Gespräches, das ich vor einer Reihe von Jahren, als ich gerade zur U-Waffe kommandiert worden war, mit einem hohen alten Armeeoffizier in einem mecklenburgischen Städtchen im Kreise vieler Kameraden der Armee führen durfte. Als der betreffende Herr von meinem Unterseeboots-Kommando erfuhr — auch unsere Antipodin, die Luftwaffe, befand sich gerade in der allerersten Entwicklung — brach er nur in die aus innerstem Herzen kommenden Worte aus: „Ach Quatsch! Lieber F.! — Gehen Sie da nicht hin! Das Wasser ist für die Fische und die Luft für die Vögel!" — — — Hat es nicht noch manch anderen im deutschen Vaterlande gegeben, der gleicher oder ähnlicher Meinung noch vor wenigen Jahren gewesen ist? Wo aber wären wir in diesem Weltkriege hingekommen, wenn wir nicht unsere trefflichen Luftwaffen auf die uns alle mit gerechtem Stolz erfüllende Höhe und unsere liebe U-Waffe — ich darf wohl scherzeshalber sagen — auf die richtige Tiefe gebracht hätten? Das U-Boot stets auf der richtigen Tiefe zu halten, ist beiläufig ein Haupterfordernis des Unterwasserkrieges.

Doch nach jener Kommandierung war das Wesen der U-Waffe auch uns noch mit einem dunklen Schleier verhüllt. Wir wußten nur, daß unser erstes Boot, das liebe, gute, alte, brave „U 1", seine Probefahrten gut überstanden hatte. Wir verdanken ihm viel, da es sich gleich als unser erstes U-Boot vorzüglich bewährte. Ich selbst hatte kurz nachher die Ehre, es über zwei Jahre zu befehligen. — Ferner wußten wir nur noch, daß weitere U-Boote vorgesehen waren, und daß der Dienst geheim war. Das

gab kein deutliches Bild, aber das U=Boot be=
treten durften wir trotz unserer schon ausge=
sprochenen Kommandierung noch nicht. Hierauf
mußten wir weitere drei bis vier Wochen warten,
bis der 1. Oktober 190.., der Tag des Beginnes
unseres U=Boots=Kommandos, kam. Es bestand
nämlich ein strenger Befehl, der sogar Marine=
offizieren das Betreten des U=Bootes ohne be=
sondere schriftliche Erlaubnis unserer vorgesetzten
Behörde verbot, falls sie nicht „wenigstens" Ad=
miral waren.

Ein hochgestellter Stabsoffizier, der dicht vor
seiner Beförderung zum Admiral stand, wollte
sich eines Tages das friedlich am Bollwerk
vertaute erste deutsche Unterseeboot ansehen,
kam zu meinem wachhabenden Unteroffizier an
Bord und verlangte Zutritt. Nach Instruktion
mußte dieser den Zutritt verweigern und die
Meldung machen, daß er nur Admiralen ohne
besonderen schriftlichen Ausweis das Boot zeigen
dürfte. In diesem Sinne beschieden, konnte der
hohe Offizier nur in die Worte ausbrechen:
„Vorgesetzte bitte ich niemals um Gefällig=
keiten, Admiral werde ich erst recht nicht, also
werde ich ein Unterseeboot niemals zu sehen
bekommen!" — — — Er sollte leider recht be=
halten, denn bald erlag er einer heimtückischen
Krankheit. — — —

Wir selbst waren mit der strengsten Geheimhaltung unserer U=Boote als U=Boots=Kommandanten voll und ganz einverstanden. Es hat keinen Zweck, von einem Geschäft zu reden, bevor es fest im Sattel sitzt, und es hätte uns fraglos in der ersten Zeit auch zu sehr gestört, wenn es jedem Offizier der Flotte gestattet gewesen wäre, uns aufzusuchen. Es wäre ausgeschlossen gewesen, alle Besucher zu führen oder ihre Fragen zu beantworten, ohne gleichzeitig die mannigfachen erforderlichen Instandhaltungsarbeiten im U=Boote zu stören oder wichtige Arbeiten und Versuche zu verzögern. Man hat es uns jetzt verziehen — wir haben uns in der ersten Zeit aber fraglos deswegen nicht gerade beliebt gemacht.

Jetzt, wo der Schleier, der über unserem Handwerk lag, zum Teil gefallen ist, darf ich innerhalb gewisser Grenzen unser Leben und Treiben an Bord eines U=Bootes schildern.

Luftverhältnisse während der Tauchfahrt

Vor langen Jahren fuhren wir zu einer der ersten in der Nordsee abgehaltenen Übungen unseres U-Bootes bei prächtigem Sonnenscheine durch den Kieler Kanal, zur Nordsee.

Ein biederer alter Lotse meldete sich in der Holtenauer Schleuse bei mir an Bord.

Seinen staunenden, neugierigen Blicken war anzumerken, daß er ein solches Fahrzeug noch nicht durch den Kanal gelotst hatte.

Meine Frage: „Na Lotse, Sie machen ja so ein Gesicht, als ob Sie zum ersten Male an Bord eines U-Bootes wären?" wurde denn auch beantwortet: „Dja, Herr Kapitänleutnant! U-Bööte haben wir hier auch keine bis jetzt noch nicht gehabt!"

Während der weiteren Fahrt zeigte ihm unser Steuermann einen Teil des Inneren des Bootes.

Kurz bevor wir wieder weiterfahren durften, kam er an Deck und konnte zu seiner Freude durch Anstecken einer Zigarre Dampf aufmachen. Im Inneren des Bootes ist es nämlich streng verboten, zu rauchen oder offenes Licht anzumachen.

Ich fragte den Lotsen, wie es ihm unten gefallen hätte und ob er sich das wohl so ähnlich

vorgestellt hätte. „Dja, Herr Kapitänleutnant!"
— lautete die langsam und überlegend gegebene
Antwort des alten Lotsen, — „wenn ich nun
mal so ganz ehrlich sein darf — dja, Herr Kapitän=
leutnant, wenn so, was man so bei uns so hört
und wenn man so liest, was da so allens in die
Zeitungen steht, da hatte ich mir ja auch schon
immer so gedacht, auf die Unterseebööte, da ist
ja wohl so allerlei los. Aber, na dja, wenn
man das so nachdem allens noch hier so persön=
lich zu sehen bekömmt, dja, da kann man ja
eigentlich bloß so sagen, na hier bei Sie an Bord
da ist ja doch nicht nur bloß so allerlei los — nein,
hier ist ja nun aber wirklich so allerlei Allerlei!" —

Der alte Mann hatte recht!

Wohl die konzentrierteste Technik einer je
konstruierten maschinellen Anlage birgt der
kleine Raum eines Unterseebootes, besonders
an den Stellen, die für die Führung des Bootes
und Verwendung seiner Waffen bestimmt sind.

Uns freilich ist der Anblick und das Leben
an Bord des U=Bootes Gewohnheit geworden.

Gern und sicher ruhen wir nachts im schwan=
kenden Boot, leise durch die auf dem Grunde
des Meeres hin= und herlaufenden Grundseen in
den Schlaf gewiegt, an der feindlichen Küste
auf großen Tiefen von den Strapazen der
Tagesarbeit am Feinde aus!

Selbstverständlich scheint es uns, daß nachts die feindlichen Kriegsfahrzeuge — ausgesandt, um uns zu suchen, über uns hinwegfahren, deutlich vernehmbar an dem Geräusch ihrer Schrauben! Das Wasser ist ein sehr guter Schallleiter und übermittelt auf weite Entfernungen uns die Annäherung feindlicher Fahrzeuge durch das Rauschen ihrer laufenden Schiffsschrauben.

Aber der Landbewohner fragt uns noch immer: „Wie können Sie bloß unter Wasser Luft atmen?"

„Sehr gut!" darf ich antworten, „ohne jede Schwierigkeit!"

Das gute Aussehen unserer Mannschaften, die auch während des Krieges zwischen den einzelnen Fahrten unserer Boote zur Erholung in ihre Heimat, in das Innere des Vaterlandes beurlaubt werden, dürfte dafür Zeugnis ablegen. Ihre gebräunten wetterharten Gesichter und das stolz getragene Mützenband mit der goldenen oder silbernen Aufschrift „. . . . . . Unterseeboots-Halbflottille" sollten jeden bangen Frager verstummen lassen, wenn er unsere Leute, fast ausnahmslos mit dem Eisernen Kreuze, häufig auch schon mit der schönen Auszeichnung des Eisernen Kreuzes I. Klasse geschmückt, auf Urlaub sieht.

In der Zeit der ersten Versuchs- und Übungsfahrten mit U-Booten erhielten wir einmal ein

Schreiben eines Herrn aus Görlitz, der uns für Untersuchung der Luft im U-Boote Meerschweinchen zum Kaufe anbot. Er hätte gehört, daß wir diese Tierchen für unsere Unterwasserfahrten gebrauchten, um das Schlechtwerden der Luft anzuzeigen, und offerierte sie in allen Größen und Farben. Irgend jemand schien ihm an seinem Stammtische einen Bären aufgebunden zu haben.

Wir gingen auf den Spaß ein und bestellten ein Dutzend dieser lieblichen Tiere, die wohlbehalten ankamen.

Lange Fahrten haben sie unter Wasser zurückgelegt und uns gute Gesellschaft geleistet, schlechte Luft haben sie jedoch niemals angezeigt, zum Glück aber auch nicht allzuviel davon verbraucht.

Kamen wir nun in einem Badeorte an, so wurde ihr kleiner Käfig in die Sonne vor dem Boot gestellt, und manches Mal hörte ich im Vorbeigehen, wie unsere Matrosen den erstaunten Badegästen den Zweck der Meerschweinchen erklärten, die uns schon so manches Mal das Leben gerettet hätten. Sie schlossen ihre Erklärungen etwa: „Besonders dem kleinen dicken Braunen haben wir sehr viel zu verdanken! Wenn der nicht an Bord und so ein ganz besonders gut ausgebildetes Unterseeboots-Meerschweinchen gewesen wäre, lebten wir alle schon längst nicht mehr!"

Vielfach wurden diese kleinen Schnurren geglaubt, und der Berichterstatter einer kleinen pommerschen Zeitung brachte hierüber sogar einen begeisterten Artikel in seinem Blättchen.

„Die Luftverhältnisse auf einem U=Boote sind für die Marine normale!" lautete der Bericht eines Marinearztes, der dienstlich bei mir an Bord eine Fahrt zur Untersuchung der Luftverhältnisse während der Unterwasserfahrt mitgemacht hatte.

Er hatte im großen und ganzen recht.

Wenn wir es mit unserer militärischen Aufgabe vereinen können, sorgen wir U=Boots=Kommandanten immer dafür, daß noch kurz vor dem Tauchmanöver alles geschieht, um mit möglichst guter und frischer Luft im Boots=innern die Tauchfahrt beginnen zu können. Durch kräftiges Durchventilieren des Bootes kann viel geschehen. Starke Ventilationsmaschinen drücken die vorher verbrauchte Luft aus dem Boote heraus und saugen neue, frische in das Innere hinein.

Doch auf die Luft vor dem Tauchen wirken während der Tauchfahrt die nicht zu vermeidenden Kochgerüche, die Ausdünstungen der Maschinen und Ausatmungen der Besatzung verschlechternd ein. Im Krieg heißt es dazu gar plötzlich, ohne Vorbereitung tauchen.

Eine Hauptvorbedingung für das Gelingen eines jeden U-Boots-Angriffes ist es nämlich, daß der Gegner das tauchende U-Boot vorher nicht sieht und in seiner Nähe kein Unterwasserfahrzeug vermutet.

Ein Verbessern der Luftgüte ist bei solcher Eile, die im Kriege naturgemäß die Regel bildet, nicht mehr möglich.

Aber auch das läßt sich aushalten. Es muß nur gut aufgepaßt und rechtzeitig für eine baldige Reinigung der Luft während der Tauchfahrt gesorgt werden.

Die Luftmenge, in der die U-Boots-Besatzung während der Dauer ihrer Unterwasserfahrt lebt, bleibt von dem Augenblicke an die gleiche, mit der das Boot die Tauchfahrt begann.

Es gibt keine U-Boots-Konstruktion, bei der durch Schläuche oder durch ähnliche mit der Oberwelt in Verbindung stehende Einrichtungen eine Luftverbesserung im Inneren des Bootes durch Ansaugen frischer Luft von außen möglich ist. Wohl gingen sehr häufig ähnliche Behauptungen durch die Presse, doch sind sie entweder frei erfunden gewesen oder waren Pläne phantastischer Erfinder, denen das eigentliche Wesen des U-Bootes fremd gewesen sein muß. Für militärische Zwecke wären solche Konstruktionen nicht verwendbar, da sie ein Verraten des U-Bootes zur Folge haben

24

müßten und das ungesehene Herankommen des angreifenden U-Bootes vollkommen vereiteln würden. Hierin aber gerade liegt der Hauptvorteil des U-Bootes bei jedem Unterwasserangriffe.

Wir bleiben also während der ganzen Tauchzeit in derselben Luft, die wir „von oben" mitgenommen haben, und reinigen diese nur von der ausgeatmeten Kohlensäure, unter gleichzeitigem Zusatze von Sauerstoff für die durch den Atmungsprozeß verbrauchte Menge dieses Bestandteiles der Luft.

Die Luftgüte wird, wenn ich so sagen darf, in dem von außen abgeschlossenen U-Boote durch das Atmen der Besatzung ähnlich verschlechtert, wie in einem mangelhaft ventilierten, überfüllten Theater- oder Konzertsaal. Auch hier nimmt der Kohlensäuregehalt der Luft, sobald nicht genügend frische Luft durch Fenster- oder durch Ventilations-Einrichtungen zuströmt, dauernd zu, während der für das Atmen benötigte Sauerstoffgehalt abnimmt. Die erste Erscheinung ist ein Müdewerden der diese Luft atmenden Menschen. Ein jeder wird das schon durchgemacht und mit besonderer Freude die merklich erholende Luft draußen nach Schluß der Vorstellung begrüßt haben.

Nimmt nun aber die Kohlensäure in ihrem gänzlich von der Außenluft abgeschlossenen Raum

wie dem Inneren eines U=Bootes dauernd zu,
so treten schließlich außer diesen Müdigkeits=
erscheinungen auch körperlich recht unangenehme
Beschwerden ein, die sich bei den Menschen sehr
verschieden äußern. Mancher Körper ist empfind=
licher gegen derartige Kohlensäurevergiftungen als
manch anderer, der mehr davon vertragen kann.

Bei fast allen Leuten werden sich aber wenigstens
mehr oder minder starke Kopfschmerzen einstellen.

Es ist klar, daß eine U=Boots=Besatzung bei
körperlichem Unbehagen nicht imstande sein kann,
ihre schwere Aufgabe zu erfüllen. Wir müssen
also bald diese im U=Boote sich steigernde Menge
des Kohlensäuregehaltes wieder entfernen, um
die Mannschaft nicht zu ermüden und keine
körperlichen Beschwerden aufkommen zu lassen.

Darum zirkuliert die ganze Luft des U=Bootes
durch ein Ventilationssystem, in dem sie durch
gewisse Chemikalien geht. Diese besitzen die
Eigenschaft, daß sie der durch sie hindurch=
strömenden Luft die Kohlensäure entziehen und
diese dann in sich festhalten. Meist werden Kali=
präparate hierfür verwandt.

Gleichzeitig spritzen im Boote aufgestellte
druckfeste Sauerstoff=Flaschen, die auf einen
ziemlich hohen Druck aufgepumpt sind, die nötige
Menge Sauerstoff in das Ventilationssystem
hinein. So wird diese von der Kohlensäure

26

gereinigte Luft nach dem Zusatz des Sauerstoffes wieder auf alle Räume des Bootes verteilt.

Die Menge des zuzusetzenden Sauerstoffes richtet sich nach der Anzahl der die Tauchfahrt mitmachenden Personen. Man weiß genau, wieviel Sauerstoff der einzelne Mensch gebraucht. An den Verteilungsstutzen der Sauerstoffleitungen ist ein Stellwerk, die sogenannte Sauerstoffuhr, angebracht. Sie wird auf die Kopfzahl der Fahrtteilnehmer eingestellt und läßt selbsttätig in den nötigen Zwischenräumen die verlangte Sauerstoffmenge in den Raum treten.

Lange hält man es übrigens in der Luft gut aus, bevor man an die immerhin teuere und kostbare Luftreinigung heranzugehen braucht. Dieser Zeitpunkt, wo es aber nötig wird, die Luft von der Kohlensäure zu reinigen und Sauerstoff zuzusetzen, hängt nun, außer von der Beschaffenheit der Luftgüte im Augenblicke des Tauchens, noch ab von dem Kubikinhalte der Luft, der auf den einzelnen Teilnehmer an der Unterwasserfahrt entfällt, und von dessen Arbeitsleistung.

Es ist klar, daß die Luft in größeren U-Booten bei der gleichen Anzahl der Fahrtteilnehmer länger ausreicht, als wenn dieselbe Anzahl von Leuten auf einem bedeutend kleineren Boote eine Unterwasserfahrt zurücklegen sollte, und auf demselben U-Boote sinkt natürlich die Zeitdauer für das Ausreichen mit dem Luftvorrate bei Steigern der Anzahl der in ihr atmenden Menschen.

Bei kurzen Tauchfahrten kann man die Luftreinigung, wie wir kurz das Reinigen der Luft und das Zusetzen von Sauerstoff von jetzt an nennen wollen, also vollkommen sparen, bei langen Fahrten dagegen empfiehlt es sich, möglichst bald damit anzufangen. Hat nämlich die Kohlensäure einen gewissen Prozentsatz erst überschritten, so ist es viel schwieriger, diesen höheren Kohlensäuregehalt wieder aus der Luft zu entfernen, als wenn durch früheres Einsetzen der Luftreinigung dieser Kohlensäuregehalt von vornherein nicht merklich anzusteigen vermocht hat.

Alles in allem wird die Luft im U-Boote auch durch eine Luftreinigung nicht frischer und ozonreicher, da es uns unmöglich ist, alle im Boote auftretenden und sich beim Gange der Maschinen entwickelnden Ölgerüche, die beim Kochen nicht zu vermeidenden Nebengerüche oder dergleichen zu entfernen.

Im großen und ganzen lebt es sich aber unter Wasser ganz mollig. Unangenehm wirkt unter anderem nur noch nebenbei die durch den Gang der elektrischen Maschinen sich allmählich immer mehr und mehr steigernde Temperatur im Boote und die hierdurch hervorgerufene Tropfbildung der Niederschläge an den von außen von dem kalten Seewasser umgebenen Schiffswänden. Dieses bedeutet besonders im Winter eine wenig angenehme Zugabe.

Sonst gewöhnt man sich aber bald an eine etwas schlechte „Akustik" im Boote, wie wir das Schlechterwerden der Luft scherzend bezeichnen.

Interessieren dürfte es vielleicht auch, daß die Beschäftigung der Mannschaft während einer Tauchfahrt wesentlichen Einfluß auf die Güte der Luft besitzt. Die Menge der für einen menschlichen Körper zum Atmen nötigen Luft hängt nämlich sehr wesentlich von der ausgeübten Tätigkeit ab.

Genauere Messungen haben hierfür etwa folgende Durchschnittswerte ergeben.

Der körperlich stark arbeitende Mensch verbraucht bei der Atmung innerhalb von einer Stunde rund fünfundachtzig Liter Luft. Außer dem Kommandanten, der durch seine Tätigkeit im Kommandoturme, wie später ausgeführt werden soll, körperlich stark arbeiten muß, haben noch die die Seiten- und Tiefensteuerung bedienenden Leute, außer den Lademannschaften an den Torpedorohren, oft schwere körperliche Arbeit während der Tauchfahrt zu verrichten.

Bei körperlich wenig oder gar nicht arbeitenden Personen sinkt der stündliche Luftverbrauch sehr beträchtlich gegenüber dem der arbeitenden Leute, und bei einem schlafenden Menschen brauchen

wir nur noch mit einem verarbeiteten Luft-
quantum von fünfzehn Liter Luft im Durch-
schnitt stündlich zu rechnen.

Wie bei jeder anderen Tätigkeit kann man also
auch bei der Unterwasserfahrt beim Schlafen
die Arbeit am längsten aushalten und auch
hier muß daher das Schlafen als das billigste
Vergnügen angesehen werden.

Wer also nichts im Boote zu tun hat, kann
schlafen und tut hiermit dem Kommandanten
und allen anderen Kameraden noch dazu einen
großen Gefallen.

Einer gut erzogenen Besatzung braucht der
Befehl hierzu daher nur einmal gegeben zu
werden, sie schläft, wenn sie es darf, schon ganz
gerne — uns zu Gefallen.

Ich habe es vielfach erlebt, daß selbst unter
schwierigen Umständen bei Unterwasserfahrten,
wo es hart auf hart herging und viele laute
Kommandos und andere Signale schnell aufeinander folgten, die schlafenden Krieger von
den ganzen Vorgängen nichts gemerkt hatten,
und es war gut so. Denn nach einigen Stunden
kam die Wachablösung und sie konnten ihre ermüdeten Kameraden an den verschiedenen Rudern und Steuerrädern und an den Haupt-
und Hilfsmaschinen in voller Frische, durch
ruhigen Schlaf gestärkt, ablösen. Die abgelösten

30

Leute konnten dafür in den wohlverdienten Schlaf fallen.

Einst hatte ich einen Mann an Bord, der das Schlafen unter Wasser so verstand, wie wir es später niemals wieder erleben sollten. Er hatte es hierin zu einer wahrhaft großartigen Virtuosität gebracht und wurde von der Mannschaft daher auch nur „das Murmeltier" genannt. Es war ein Funkentelegraphie-Gast, dessen Tätigkeit mit dem Niederklappen der Funkenmasten vor Antritt der Tauchfahrt aufhörte, um erst wieder beim Aufrichten der Masten nach Beendigung der Unterwasserübungen zu beginnen. Er war ein sehr braver Kerl und vorzüglich für den U-Boots-Dienst geeignet. Er sammelte während der ganzen Tauchfahrt seine Kräfte für seine nachher über Wasser wieder einsetzende schwere Tätigkeit.

Er hat uns kaum jemals mehr als fünfzehn Liter Luft in einer Stunde weggeschnappt!

Wenn nun auch alles geschieht, um die Luft während der Tauchfahrt möglichst gut zu erhalten, so wird sie natürlich doch unter Wasser niemals besser.

Dankbar und glücklich schaut daher jeder nach getaner Unterwasserarbeit durch die geöffnete Turmluke, dem stets nach Beendigung einer Tauchfahrt zuerst wieder geöffneten obersten

Verschlusse des Bootes an der höchsten Stelle, der Decke des Kommandoturmes, wieder in den lachenden Himmel über sich und atmet in vollen Zügen bald darauf auch die richtige „ungereinigte" würzige Meeresluft ein.

Ein hoher Admiral, der vor Jahren einmal bei mir an Bord seine erste Unterwasserfahrt mitmachte, hatte vorher in Gesprächen des öfteren betont, daß die Luft bei der Tauchfahrt eigentlich gar nicht merklich schlechter zu werden brauchte.

Nach der Fahrt, als er wieder auf dem trockenen Oberdecke des Bootes stand, über das noch vor kurzem bis zu zwanzig Meter Wassersäulen und mehr hinübergespült waren, bekannte er mir aber unumwunden: „Sie haben recht, F.! Mit der Luft hier oben und vorhin da unten ist doch so ein Unterschied, na so ungefähr wie zwischen Butter und Margarine."

Ich konnte ihm nicht beipflichten, auch nicht widersprechen. Wenn man nämlich nicht in die innersten Geheimnisse eines Haushaltes oder einer Gastwirtschaftsküche eingeweiht ist, muß man eingestehen, gar nicht selbst genau zu wissen, ob man überhaupt schon jemals Margarine genossen hat.

So wird uns auch die Margarineluft im U-Boote, wenn die zu ihrer Reinigung und Verbesserung vorhandenen Apparate und Einrich-

tungen nur vorschriftsmäßig und rechtzeitig be=
dient werden, ebensowenig schaden, wie es un=
serem Volke schaden wird, jetzt zeitweise zur Mar=
garine zu greifen.

Die Zeitdauer, die eine U=Boots=Besatzung
unter Wasser verbringen kann, hängt lediglich
von der Menge des mitgeführten Sauerstoff=
vorrates und der anderen zur Luftreinigung
nötigen, vorher besprochenen Dinge ab.

Mehrere Tage lang kommen wir unter Wasser
schon gut mit unserem Luftvorrate aus, und
längere Zeitdauer wird wohl niemals erforder=
lich werden.

Die Sichtweite unter Wasser durch die in die Panzerwand des Kommandoturmes eingeschnittenen Seitenfenster wechselt. Es ist selbstverständlich, daß wir in schönem klaren Wasser auf hoher See weiter sehen als in trübem, schmutzigem Wasser, wie etwa in oder dicht vor unseren Flußmündungen. Außerdem beeinflußt die Art des Meeresgrundes die Sichtweite durch das Wasser. Dicht über einem hellen Sand kann man immer weiter sehen als über dunklem Schlickgrund oder schwarzen Felsen. In den oberen Wasserschichten spielt natürlich die Helligkeit der Luft eine gewisse Rolle. Sonnenschein macht sich viele Meter unter Wasser noch bemerkbar.

Immerhin ist die Sichtweite unter Wasser auch unter den allergünstigsten Umständen eine nur sehr geringe und reicht kaum über einige Meter hinaus. Helle leuchtende Gegenstände sind weiter zu sehen als dunkle.

Niemals aber können wir selbst helle Gegenstände, die weiter von unseren Turmfenstern entfernt sind als die äußersten Schiffsenden, unter Wasser sehen. Zumeist wird unter Wasser eine Sichtweite bis zu unserem Vor- oder Achterschiff nicht mehr vorhanden sein.

Es ist somit klar, daß wir niemals so weit sehen werden, um, durch den eigenen Blick gewarnt, uns begegnenden Schiffen, unter Wasser liegenden Wracks oder Steinen und sonstigen Hindernissen ausweichen zu können. Wir würden diese immer erst zu spät erblicken und müssen uns anders helfen.

Die Mannschaft sieht überhaupt während der ganzen Tauchfahrt nichts von allem, was im Wasser vorgeht. Nur der Kommandant hält oben im Kommandoturme ab und zu Rundschau mit dem Sehrohr, das auch ihm nur einen kleinen Sektor des Horizontes zeigt. Durch Herumdrehen des Sehrohres vermag er nach und nach den ganzen Horizont abzusuchen. Diese Arbeit ist körperlich nicht ganz leicht, und bei langen Fahrten macht sich die Anstrengung recht bemerkbar. Die Sehrohre dürfen sich nämlich in ihren Führungen durch die obere Decke des Kommandoturmes nicht zu leicht drehen lassen, da sie sonst auf großen Tiefen nicht genügend gegen den Wasserdruck abdichten würden. Die Dichtungen in diesen Führungen sind also stark angezogen. Es muß Mühe machen, die runden Sehrohre in ihnen herumzudrehen.

Wenn möglich, läßt der Kommandant daher bei gewöhnlichen ruhigen Übungsfahrten, wenn die Nähe anderer Fahrzeuge kein Ausweichen nötig macht, wohl einen der Wachoffiziere oder den Steuermann zeitweise statt seiner diese Arbeit übernehmen. Melden läßt er sich aber, sobald irgend etwas oben gesichtet ist. Das will er selbst sehen und weitere Maßnahmen ergreifen.

Im Kriege, wie auch schon bei Angriffsübungen im Frieden, darf der Kommandant nur allein diese Tätigkeit ausüben. Würde er außer sich noch jemand in der Nähe des Feindes hindurchschauen lassen, so müßte das Sehrohr überflüssig lange aus dem Wasser ragen und könnte das angreifende U-Boot verraten.

Ein hohes Maß von Vertrauen muß die Besatzung ihrem Kommandanten daher entgegenbringen, wenn sie ruhig und sicher bei der Tauchfahrt ihren schwierigen Obliegenheiten in dem Inneren des Bootes nachgehen soll. Der Kommandant allein sieht, was vorgeht, und die Mannschaft muß wissen, daß er gut aufpaßt und allen Gefahren zu begegnen weiß. Ich könnte mir nicht denken, daß ohne dieses Vertrauen in den Kommandanten ein U-Boot leistungsfähig wäre.

Auch der Dienst der Mannschaft während der Tauchfahrt erfordert Erziehung und Selbstbeherrschung. Wir wissen voll und ganz, daß es nicht leicht für sie ist, zumal in Kriegszeiten, ohne selbst etwas zu sehen, vom Kommandanten durch feindliche Gewässer geführt zu werden.

36

Doch sie kennen sich gegenseitig, die ganze Besatzung eines kleinen U-Bootes. Vom Kommandanten bis zum jüngsten Matrosen und Heizer wissen sie, daß ein jeder an seiner Stelle der richtige Mann ist, und in diesem Gefühl versehen sie ruhig ihren Dienst.

Ein kleines Beispiel möge beleuchten, wie sehr es immer der Wunsch der Leute unten im Boot ist, auch einmal während der Tauchfahrt nach oben sehen zu dürfen.

Lange vor Ausbruch des Krieges sollte ein Heizer meiner Besatzung zur Entlassung kommen. Er hatte sich seinerzeit, ungefähr bei der Gründung unserer U-Boots-Waffe, freiwillig für diesen Dienst gemeldet und seine ganze dreijährige Dienstzeit auf dem ersten deutschen U-Boote abgeleistet. Er war ein prächtiger Kerl, dem man alles anvertrauen, auf den man sich in jeder Hinsicht, auch in schwierigster Lage, verlassen konnte.

Ungern sahen wir ihn daher scheiden, auch er selbst hatte oft geschwankt, ob er nicht seinen Zivilberuf opfern solle, um weiter auf Beförderung zum Deckoffizier zu dienen. Verhältnisse in seiner Familie ließen ihn aber den Gedanken aufgeben. Als einziger Sohn mußte er die Schlosserei seines schon kränklichen alten Vaters übernehmen.

An dem Tage vor seiner Entlassung machten wir noch eine längere Übungs-Tauchfahrt. Ich fragte ihn, ob er noch einen besonderen Wunsch hätte. Ich hatte dabei gedacht, daß er noch einmal uns allen seine Geschicklichkeit zeigen wolle.

Doch nichts derartiges. Treuherzig bat er mich nur: „Herr Kapitänleutnant! Ich bin nun die ganzen drei Jahre auf einem Unterseeboot gefahren, aber ich habe noch niemals unter Wasser durch das Sehrohr kucken dürfen. Könnte ich das vielleicht einen ganz kurzen Moment einmal machen?" Sichtbar beglückt schaute er dann. Lange ließ ich ihn ruhig gewähren. Über die Oberfläche des Meeres sah er zum allerersten Male nach oben auf die weite, weite Wasseroberfläche, unter der er den größten Teil seiner dreijährigen Dienstzeit vollbracht hatte.

Noch später schrieb er mir aus seiner Heimat, daß dieser Tag für ihn doch der schönste seiner ganzen Dienstzeit gewesen sei, und daß er es niemals vergessen könnte, wie herrlich es doch wäre, so von unten über das Wasser hinaus sehen zu können.

Das kleine Erlebnis kennzeichnet den glühendsten Wunsch unserer Leute. Mich hat es darauf aufmerksam gemacht, eine wie große Freude ich meiner Besatzung hierdurch leicht bereiten konnte. Wenn es sich bei Übungsfahrten machen ließ, holte ich deshalb später mit der Zeit immer einen nach dem anderen herauf zu mir in den Kommandoturm, bis sie alle einmal unter Wasser durch das Sehrohr geschaut hatten.

Späteren U=Boots=Kommandanten kann ich nur raten, gelegentlich das gleiche zu tun. Die brave Mannschaft wird das stets dankbar empfinden.

Nur selten sehen wir bei Tauchfahrten durch das Wasser Fische. Sie werden durch das Ge= räusch des an den Bootswänden vorbeistreichen= den Wassers und durch das Lärmen der Schrau= ben aus unserer Nähe geschreckt. Der einzelne Fisch kann uns sehr schnell aus dem Wege gehen.

Anders ist es, wenn wir in große Schwärme von Fischen kommen. Diese können nicht so schnell ausweichen, da sie sich alle gegenseitig be= hindern. Versuchen tun auch sie es natürlich.

Verschiedentlich kamen wir in Herings= oder Sprottenschwärme, und niemals werden wir dieses schöne, herrliche, aber auch komische Bild eines durch uns aufgeschreckten Schwarmes von Fischen vergessen. In höchster Angst versuchen alle, aus unserer gefahrdrohenden Nähe zu ent= weichen. Jeder stößt hierbei an den Nachbar, und in allen Stellungen nach unten, nach oben, wie nach allen Seiten schwimmend streben sie mit höchster Aufbietung ihrer Schwimmkraft danach, uns so bald als möglich zu entrinnen. Wie ein silbern seidenes Tuch, durch das Wasser an uns vorbeigetragen, glitzert und funkelt das hell=

strahlende Kleid eines solchen Fischschwarmes dann vorüber.

Einmal ist es mir nach solch einer Fahrt durch riesige Sprottenschwärme gelungen, die Fischer eines Ortes, von dem unsere Übungsfahrten ausgingen, auf das Nahen der schon sehnlichst erwarteten reichen Fänge aufmerksam zu machen. Ihr ursprünglicher Ärger, daß wir ihnen die Fische mit den U=Booten versagen würden, wandelte sich dann am nächsten Tage in große Freude, weil sie mit reicherer Beute als seit Jahrzehnten heimkehren konnten.

Liegen wir aber mit dem Boote auf dem Grunde des Meeres still, so ist es uns öfter vergönnt, dem Leben der Fische zuzuschauen. Kein Geräusch dringt dann nach außen, das die Fische in der Nähe abhalten könnte, den sonderbaren Eindringling in ihr Reich einer genaueren Musterung zu unterziehen.

Das durch die Fensterscheiben des Turmes in das Wasser hinausleuchtende Licht der elektrischen Lampen lockt von weitem die Fische, die mit verwunderten Augen zu uns hereinglotzen. Mißtrauisch müssen sie schon sein, denn meist kommen sie zunächst nicht bis ganz an die Scheiben der Turmfenster. Haben sie dann nichts Verdächtiges bemerkt, so wagen sie einen weiteren Vorstoß auf die Lichtquelle, bis sie nach einem harten Stoße ihres Kopfes an die Scheiben erschrocken das Weite suchen.

Es ist eine bekannte Tatsache, daß das im Wasser brennende Licht die Fische ebenso anlockt wie der helle Schein der Laternen in der Luft Vögel und Insekten. Aus Gründen des Fischereischutzes ist es daher in vielen Ländern verboten, dem Fischfange mit unter Wasser leuchtenden Lampen nachzugehen. Das würden auch nur große Fischereigesellschaften mit Fischdampfern tun können und dadurch die kleinen selbständigen Fischer sehr benachteiligen. Auch wäre ein übermäßiges Abfangen von Fischen in einer Gegend zu befürchten.

Stundenlang kann man dem Spiel der Fische und auch dem Vorbeisegeln der Quallen im Wasser zuschauen. Man kommt sich vor wie in einem Aquarium, nur sind die Fische nicht in engen Kästen eingesperrt und können sich frei in der weiten See bewegen, während wir in dem Kasten drin sitzen und an unseren Platz gebannt sind. Allerdings brauchen wir dafür auch kein Eintrittsgeld zu bezahlen.

So gibt es bei unseren schönen Unterwasserfahrten des Interessanten genug zu sehen und zu erleben, auch geht es ganz lustig in „unserer Röhre" zu.

Dies ist eine Bezeichnung für unser Bootsinneres, das vollkommen kreisrund, also von Röhrenform ist.

Die runde Röhrenform ermöglicht es nämlich, bei einer verhältnismäßig kleinen Wandstärke dem größten Wasserdruck zu trotzen, da der Druck auf den runden Körper von allen Seiten gleichmäßig wirkt.

Eine Menge der bekannten Lieder oder Gassenhauer haben wir uns für unsere U-Boots-Zwecke etwas umgedichtet. Oft haben wir dabei unter anderem in frohem Kreise nach der bekannten Melodie: „Immer an der Wand lang" das kleine Verschen gesungen:

„Und so ziehn wir still und leise
Immer auf dem Grund lang,
Immer auf dem Grund lang,
Machen unsere U-Boots-Reise
Immer auf dem Grund lang,
Immer auf dem Grund lang.
Drehen uns herum im Kreise
Immer auf dem Grund lang,
Immer auf dem Grund lang,
Nach der altbekannten Weise:
Immer auf dem Grund,
        auf dem Grund entlang!"

Tauchmanöver und Torpedoschuß

Das ist ja aber ganz einfach! Ich habe ja gar nicht gemerkt, daß wir überhaupt unter Wasser waren." Ähnliche Aussprüche haben schon viele nach ihrer ersten Tauchfahrt getan, wenn sie — wie es sich besonders mit neu auszubildenden Tauchbootsmannschaften bei Schulfahrten nicht anders machen läßt, — aus Raummangel an Orten des Bootes standen, wo sie den einzelnen Vorgängen des Tauchmanövers nicht selbst folgen konnten.

Anders sieht es allerdings im Kommandoturm aus. Hier laufen alle für das Manöver des Tauchens, für das Steuern auf der richtigen Tiefe während der Tauchfahrt und für das Auftauchen erforderlichen Apparate und Kommandogeber zusammen. Hier muß jeder einzelne auf dem Posten sein, auf jeden einzelnen kommt es bei dem schwierigen Manöver des möglichst schnellen Untertauchens eines ganzen Bootes mit einer zirka dreißig Köpfe starken Besatzung in die Tiefe an. — Das geringste Versehen eines Einzigen kann die Sicherheit des ganzen Bootes gefährden.

Blicken wir also zunächst in den Kommandoturm und die Kommando-Zentrale, das eigentliche Gehirn des Bootes. Für die Tauchfahrt nehmen auf das Alarmsignal zum Übergange des Bootes von der Überwasser- zur Unterwasserfahrt mehrere Personen hier ihre Stationen oder festen Plätze ein.

Da ist zunächst der „Alte". Obgleich sonst im Leben wohl lange nicht zu dieser ehrwürdigen Bezeichnung berechtigt, muß doch jeder Kommandant eines U-Bootes sich diesen, allgemein üblichen Spitznamen, ob er's will oder nicht, gefallen lassen; denn — es ist immer so gewesen. Es ist bei der Handelsmarine nicht anders als auf der Kriegsflotte. Der Führer des Schiffes — der Kommandant — ist nun einmal „der Alte", und man muß und kann sich diesen Ehrentitel ruhig gefallen lassen. Helfen täte außerdem kein Widerspruch.

Der „Alte" ist der bei weitem am meisten während der ganzen Unternehmung Beschäftigte der gesamten Bootsbesatzung. Für ihn gibt es keine Ablösung wie für die anderen. Er muß stets zu haben sein. Besonders im Kriege, bei Fahrten gegen den Feind und weit an die feindliche Küste, findet er nur selten Gelegenheit, mit wirklich gutem Gewissen in völliger Ruhe, auf seiner bescheidenen Koje, im kleinen, aber so wohnlich wie möglich ausgestatteten Wohnraum sich niederzulegen. Tag und Nacht wacht

er, wenn nur irgendwie sein Schiffsort das An=
nähern eines Feindes vermuten läßt, oben auf
der kalten Kommandobrücke, der Decke des
Kommandoturmes. Gegen Überbordspülen
schützt ihn ein eisernes Geländer, durch das bei
den häufig überrollenden schweren Seen die
Wellen des Meeres brechen. Er muß wachen,
und er tut es gern. Er hätte unten auf seinem
Schlafsofa doch nicht die richtige Ruhe. Zu groß
ist die Nervenanspannung, zu groß die Sorge,
vielleicht nicht rechtzeitig genug auf eine Meldung
des wachhabenden Offiziers die nicht ganz nahe
gelegene Kommandobrücke erreichen zu können.
Jede verpaßte Sekunde aber mag ihm den schon
winkenden Siegespreis entreißen. So verlernt
er leicht und gerne den Schlaf. Schließlich frei=
lich verläßt er einmal in vom Feind unbefahrener
Gegend mit vielen Ermahnungen, ihn rechtzeitig
beim Sichten eines Fahrzeuges zu wecken, den
wachhabenden Offizier, um unten für kurze Zeit
sich in seinen nassen Kleidern zum wohlverdien=
ten schnellen Schlummer auf die Pritsche zu legen.

Er kann es ruhig tun, denn einem erfahrenen
und kriegserprobten Wachoffizier vertraut er die
Führung seines Schiffleins an, während er unter
Deck geht.

Gut angebracht wäre nun auf seinem Kopf=
kissen das Sprüchlein, von lieber Hand gestickt:

„Nur ein Viertelstündchen!", denn meist dauert es kaum länger, bis das Alarmsignal das Innere des Bootes durchhallt.

Der „Alte" eilt also auf das von dem wachhabenden Offizier von der Kommandobrücke herab gegebene Alarmsignal auf seinen Posten an den Sehrohren — Periskope nannten wir sie in früheren Zeiten mit einem Ausdruck, der jetzt zum Glück mit manchem anderen Fremdwort über Bord gefallen ist.

Eilends stellt auch der Kommandant durch die geöffnete Turmluke mit Doppelglas den von dem Wachpersonal gesichteten Gegner fest und entscheidet an der Hand seiner größeren Erfahrung und Übung, ob wir einen Freund vor uns haben, mit dem wir gegenseitige Beobachtungen über den Feind durch Signale über Wasser austauschen können, oder einen Feind, der uns zwingt, gleich unter Wasser den todbringenden Angriff anzusetzen. Sekundenarbeit muß dabei geleistet werden, denn auch der Gegner paßt auf. Scharfe Ausguckposten mit guten Entfernungsgläsern sitzen wohl sicherlich heute auf den Masten jedes feindlichen Schiffes, und mag es ihnen auch nicht leicht fallen, das nur wenig aus dem Wasser hervorragende U-Boot von weitem zu sichten, so macht auch hierin die Übung den Meister. Durch manchen Schaden

schon klug geworden, werden auch die feind=
lichen Ausguckmannschaften wachsam sein, müß=
ten sie doch selber am eigenen Leibe für schlechtes
Aufpassen sonst büßen.

Nicht einfach ist es nun für den Komman=
danten, sofort die richtige Entscheidung zu
treffen, aber schnell muß gehandelt werden. Ab=
gesehen davon, daß ein zu spätes Untertauchen
den Erfolg des Angriffes überhaupt vereiteln
kann, kommt auch der vielleicht mit hoher Fahrt
auf uns zudampfende Gegner gar schnell näher,
und es vergeht noch einige Zeit von dem Kom=
mando für den Beginn des Tauchens bis zum
vollständigen Verschwinden des Bootes unter
der Wasseroberfläche. Besonders eilig muß ge=
handelt werden, wenn die Sichtigkeitsverhält=
nisse ungünstige sind, wie es auf freier See be=
kanntlich sehr häufig der Fall ist. Leicht würden
dann, bei zu nahem Herankommen des Gegners,
seine weittragenden Geschütze sofort ihr wohl=
gezieltes Feuer auf das tauchende U=Boot er=
öffnen können. Im Zustande des Untertauchens
muß dieses aber als ziemlich wehrlos gelten.

In Ruhe, aber mit Bestimmtheit, wird der
allgemeine Befehl zum Tauchen vom Komman=
danten gegeben. Die Verbrennungsmaschinen,
Ölmotoren, die während der Überwasserfahrt dem
Boote seine Geschwindigkeit verleihen, werden

abgestellt; denn sie verbrauchen für die Verbrennung Luft, und diese ist gar knapp. Die elektrischen Motoren werden dafür eilends eingekuppelt und eingeschaltet. Eine im Boote stehende große Akkumulatoren-Batterie speist sie, und daher verbrauchen sie keine Luft beim Laufen. Sie bilden die eigentlichen Antriebsmaschinen für die Unterwasserfahrt des Bootes. Man kann sie auch über Wasser zur Vorwärtsbewegung des Bootes verwenden, doch sie benötigen viel elektrischen Strom und der ist teuer, wesentlich teurer als der zum Betriebe der Ölmaschinen erforderliche Betriebsstoff, und wäre auch zu früh verbraucht, wenn er nicht mit Sparsamkeit benutzt würde.

Schön wäre es, wenn man die eigentlichen Überwassermotoren auch für die Unterwasserfahrt gebrauchen könnte, aber eine solche Maschine ist leider noch nicht konstruiert. Versuche verschiedener Nationen sind aus den Kinderschuhen noch nicht herausgekommen. Gelingen sie aber — und eigentlich hat die moderne Technik doch noch jede erwünschte Forderung schließlich auch erfüllt —, so gewinnen wir Platz und freies Gewicht im Boote. Bei sonst gleich großen Abmessungen der U-Boote könnten also wohl noch neue Angriffswaffen in das Bootsinnere hineingebaut werden und die kampfkräftigen An-

48

griffsmittel mehren. Für den Erfinder oder Konstrukteur wäre ein gut Stück Geld zu verdienen! Also nur heran, wer Luft hat!

Peinlich abdichtend müssen die durch den Körper des Bootes nach außen führenden Rohrleitungen dieser Ölmaschinen mit flinken Handgriffen geschlossen werden. Dem hohen Wasserdrucke von außen sollen sie sogleich trotzen können, oft in kaltem Wasser, während bisher die heißen Abdämpfe der Motoren durch sie hindurch in die freie Luft hinaustraten. Bekanntlich haben wir für je zehn Meter Wassertiefe mit dem Drucke von einer Atmosphäre — ein Kilogramm pro Quadratzentimeter — zu rechnen, und das Boot muß jederzeit auf noch weit größere Tiefe hinabtauchen können.

Sind diese Verschlüsse mit allen sonstigen nach außen aus dem Bootsinneren hinausführenden Öffnungen gut und sicher abgeschlossen, so beginnt das eigentliche Manöver des Untertauchens.

In große geöffnete Wasserkästen wird das Wasser der See hineingelassen. Gewaltige Saugemaschinen in der Zentrale des Bootes saugen die in diesen Kästen befindliche Luft ab und drücken sie nach außen, das ermöglicht schnelleres Nachströmen des eindringenden Wassers. Sobald die Füllung der Wasserkästen eine genügende ist, um bei richtigem Gewichte das Boot auf seiner beabsichtigten Angriffstiefe gut steuerfähig zu machen, meldet der Leitende Ingenieur dieses dem Kommandanten. Weit geöffnete große Sprachrohre, die auch bei dem im Boote durch das Laufen gar vieler Hilfsmaschinen erzeugten Lärme gute Verständigung ermöglichen, dienen zur Übermittelung der Befehle zwischen Kommandoturm und Zentrale. Der Kommandant gibt jetzt den Befehl zum Heruntersteuern des Bootes auf die Tiefe.

Gar einfach klingt alles und doch ist dabei mancherlei zu bedenken. Das Boot muß zunächst, ähnlich wie ein Luftschiff für seine kühnen Fahrten in stolzer Höhe, für seine Fahrten in der nassen Tiefe des Meeres stets genau abgewogen sein. Fast ständig ändert sich aber das Gewicht des Wassers und des Bootes. Das salzige Wasser der Nordsee wiegt weit mehr als das weniger salzige der Ostsee oder gar das absolute Süßwasser, wie es ungefähr schon das östliche Becken der Ostsee füllt. Das schwere Wasser der Nordsee trägt ein Schiff besser als das salzlose leichtere Ostsee- oder Süßwasser. Ein Schiff schwimmt bei der gleichen Beladung in der Nordsee höher aus dem Wasser und taucht in der Ostsee tiefer ein.

Darum muß das gleiche U-Boot im Wasser der Nordsee weit mehr Wasserballast in die hierfür bestimmten Wasserkästen hineinlassen, um richtig abgewogen zu sein, als unter denselben

50

Gewichtsverhältnissen in der Ostsee. Schon bei kleinen U-Booten, die nur eine Wasserverdrängung von etwa vierhundert Tons haben mögen, macht das bei einem Unterschiede von angenommen Nordseewasser zu 1,025 spez. Gewichte gegen das zum spez. Gewichte von 1,000 angenommene Süßwasser den gewaltigen Unterschied von zehn Tons aus! Wird nun zu viel Wasser in das U-Boot hineingelassen, so mag das Boot mit großer Schnelligkeit immer tiefer und tiefer über die beabsichtigte Tiefe hinabgedrückt werden. Bei zu großer vorhandener Wassertiefe an dem Orte des Tauchens käme es dann auf so große Tiefen, daß der Bootskörper dem riesigen Drucke der auf ihm lastenden Wassermassen nicht mehr gewachsen wäre. Das U-Boot würde also Gefahr laufen, vom gewaltigen Drucke der Wassermengen zerdrückt zu werden.

Andererseits würde eine zu geringe Wassermenge in den Tauchtanks — den oben erwähnten Wasserkästen für die Aufnahme des zum Tauchen benötigten Seewassers — das Boot überhaupt nicht oder nur schwer unter die Oberfläche des Wassers herunterdrücken lassen. Ein ungesehener Angriff wäre ausgeschlossen oder mindestens fraglich.

„Wieviel Wasser muß denn nun in das Boot hineingelassen werden?“ — Das ist Sache von

Gefühl, Ausbildung und Erfahrung, aber erfordert auch Beobachtung aller dazu eingebauten sinnreichen Apparate. Das Boot muß eben wie das Luftschiff in der gewünschten Höhe stets in der erforderlichen Tiefe schweben, und die Ausbildung eines U=Bootes ist erst dann auf richtiger Höhe, wenn es immer auf der richtigen „Tiefe" gehalten werden kann.

Das Gewicht des Bootes ändert sich fortwährend im Verlaufe einer längeren Fahrt. Proviant wird verzehrt und Betriebsmaterial für die Maschinen verbraucht. Das Wasser, in dem das Boot schwimmt, ändert oft gar schnell sein Gewicht und hebt oder senkt das Boot unbemerkt und kaum feststellbar. Peinlich muß daher der hiermit betraute, für die richtige Flutung des Bootes verantwortliche Offizier das Gewicht des Bootes laufend unter Kontrolle halten. Das Gewicht einer jeden von der Mannschaft eingenommenen Mahlzeit, der über Bord geworfenen Speisenreste und Verpackungen ist zu berechnen, und das Gewicht des Wassers gleichfalls von Zeit zu Zeit zu messen. Auch dafür stehen besonders fein gearbeitete Apparate zur Verfügung.

Im weiten, freien, offenen Ozean treten diese Gewichtsänderungen des Seewassers nicht sehr schnell auf. Nähert sich dagegen das Boot der Küste oder gar der Mündung eines Flusses, so

52

kommen häufig sehr plötzliche Schwankungen des Wassergewichtes vor und können die oben beschriebenen unerwünschten Störungen für die Unterwasserfahrt herbeiführen. Der Salzgehalt des Wassers ändert sich nämlich an den Küsten sehr rasch und besonders plötzlich in der Nähe der Mündungen der Süßwasser mit sich führenden Flüsse. Auch wärmere und kältere Strömungen machen sich leicht bemerkbar, und auf verschiedenen Tiefen ist wegen der wechselnden Wassertemperaturen eine oft überraschend spürbare Gewichtsänderung des Wassers zu erwarten.

So seltsam es klingen mag, muß ein Boot zum Hinabsteuern auf größere Tiefen erleichtert werden, während es beim Hinaufsteuern auf geringere Wassertiefen mehr Wasservorrat in sich aufnehmen muß, um vor einem unerwünschten Herausschnellen nach oben durch die Wasseroberfläche des Wassers hindurch bewahrt zu bleiben. Da heißt es gut aufpassen und Übung und Geschick zeigen!

Genaues Steuern auf der befohlenen Tiefe ist eine Hauptbedingung für das Gelingen des Angriffes. Auch ist leicht zu verstehen, daß das aus dem Kommandoturme eine gute Strecke herausragende Sehrohr nicht zu hoch über dem Wasser erscheinen darf, da es sonst zu leicht vom angegriffenen Feinde bemerkt wird. Ferner wird es leicht einzusehen sein, daß andererseits ein

nicht weit genug über das Wasser ragendes Seh=
rohr ein Sichten des Feindes und das Zielen zur
Abgabe eines sicheren Torpedoschusses erschwert.
Unmöglich wird dieses, wenn schlechtes Steuern
das Sehrohr unter den Wellen verschwinden läßt.

Also muß der Kommandant sich für seinen
Angriff auf seine beiden Tiefensteuerer verlassen
können. Der Wichtigkeit des richtigen Arbeitens
dieser Tiefensteuerung entsprechend, hat ständig
einer der Offiziere des Bootes die Leitung und
Überwachung dieses Dienstes in Händen.

Auf befohlener Tiefe angekommen, wird das
Boot im Inneren sorgfältig in allen Abteilungen
abgesucht, ob irgendwo eine Rohrleitung nicht
ganz sicher gegen den Druck des außen auf dem
Boot lastenden Wassers abgedichtet ist, oder
sonst etwas im Boote leckt. Unverzüglich muß
dann ein sofortiges Nachziehen der Verschlüsse
erfolgen. Abgesehen von möglichen größeren
Störungen, würde das U=Boot fortgesetzt
schwerer werden, und das ist aus jetzt einleuch=
tenden Gründen äußerst unerwünscht. Mäus=
chenstille muß auch im Innern des Bootes herr=
schen, damit das Geräusch jedes tropfenden oder
in stärkerem Strahl in das Boot laufenden
Wassers sofort gehört werden kann.

In Ruhe und Stille fährt das Boot weiter
dem Gegner entgegen. Nur unterbrochen wird

54

das Schweigen durch das gleichmäßige Surren der elektrischen Antriebsmaschinen und das nicht zu vermeidende Geräusch beim Legen der zur Tiefen- und Seitensteuerung des Bootes erforderlichen Handgriffe und Befehle.

Lautlos und gespannt wartet im Boot jeder Mann der Besatzung auf ein aufklärendes Wort seines Kommandanten, der aus dem Kommandoturme heraus nach dem vorher von größerer Augeshöhe gesichteten Feind ausspäht. Gar lange kann es dauern, bis das niedrige, fast in der Wasseroberfläche befindliche Glas des Sehrohres den Feind wieder erblicken läßt. Auch kann es vorkommen, daß der Kurs des Feindes geändert ist und weit von der Tauchstelle des Bootes vorüberführt. Dann kommt das Boot womöglich gar nicht auf Schußentfernung heran und alle Mühe wäre umsonst.

Nach gewissen Zeitabständen nimmt der Kommandant durch das auf und nieder zu bewegende Sehrohr seinen Rundblick. Nicht immer darf das Sehrohr aus dem Wasser ragen, weil sonst dauernd die Gefahr des Gesehenwerdens bestünde. Nur kurze Zeit, möglichst schnell, muß und darf das eine Auge des Kommandanten am Sehrohre den Horizont absuchen.

Immer wieder hört die Mannschaft das ihr wohlbekannte Geräusch des abermaligen Niederlassens des Sehrohres. Es ist das Heiligtum des Bootes, weil die geringste Beschädigung es blind machen würde. Vorbei wäre es dann mit dem erhofften Siegeslorbeer. Einstweilen sieht der Kommandant außer etwas Himmel nur den weiten runden Teller des Meeresspiegels, mit den auf ihm tanzenden Wellen. Immer wieder und wieder wächst die Spannung der Besatzung, von der ja niemand sieht, wenn der Kommandant von neuem durch einen Druck auf den elektrischen Knopf das Sehrohr emporsteigen läßt, um Ausschau auf die Oberwelt zu halten.

Da endlich macht ein jauchzender Ausruf des Kommandanten das Boot lebendig: „Die Kerle kommen!" Jubelstimmung voll höchster Erwartung spannt alle Nerven bis zum äußersten an.

Wiederum verkündet das Geräusch des niedergelassenen Sehrohres, daß der Kommandant genug geschaut hat, um seinen Angriff auf das nahende Opfer ansetzen zu können. Schnell folgen seine Befehle für den zu steuernden Kurs und das benötigte Fahrtmaß. Der Torpedooffizier erhält Befehl zum Schuß-Klarmachen der geladenen Torpedos. Unterdessen rechnet sich der Kommandant in Ruhe nach der geschätzten Fahrt des Feindes, dem Abstande und der Stellung seines Bootes zum Gegner aus, auf welchen Punkt des feindlichen Schiffes er

56

hinzielen muß und wie weit er — wie auf der Hasenjagd nach der Geschwindigkeit des Wildes — vorzuhalten hat. Wohl schießen ihm schon jetzt allerlei Gedanken durch den Sinn: Wie hüben die Vernichtung seiner Beute frohe Begeisterung und drüben niederschmetternde Trauer wecken wird. „Runter von der See" muß der Kerl, da ist kein Zweifel mehr! Schneller arbeiten seine Gedanken. Nur wer es selbst durchgemacht hat, kann es ganz begreifen, an wieviel Nebendinge in solchen Augenblicken der Mensch zu denken imstande ist.

Dann hat der Kommandant sein Kleinod, das Sehrohr, niedergelassen. Nichts erblickt er jetzt von den Dingen über ihm auf dem Meere. Wie ein Blinder tastet sich das Boot durch die grünen Fluten. Nur denken und vermuten kann der Kommandant, was oben vorgeht. Wird der Kerl auch weiterfahren? Hat er dich nicht gesehen? Hält er auch dann seinen Kurs noch durch? Hat er vielleicht nicht schon beim vorigen Herausstecken dein Sehrohr erblickt und läuft jetzt nach schnellem Abdrehen davon? Doch nein, das scheint nicht gut möglich. Das Sehrohr hatte ja nur für den Bruchteil einer Sekunde die Wasseroberfläche durchbrochen. Aber möglich wäre es trotzdem! Sollte der Feind dann etwa wagen, mit höchster Fahrt auf mich zuzulaufen, um mir im nächsten Augenblicke den tödlichen

Rammstoß zu versetzen? Schaust du also nicht vielleicht besser doch noch schnell heraus? — Nein, laß es lieber, allzuviel ist ungesund! Der Gegner kann noch nicht auf Schußentfernung heran sein und du würdest dich verraten können. —

In diesen Augenblicken der höchsten Nervenspannung habe ich mich oft dabei ertappt, daß ich zur eigenen Ablenkung unwillkürlich Befehle oder Anweisungen gab, die gänzlich überflüssig und unnütz waren, wie etwa: „Jetzt aber besonders gut auf Tiefe steuern!" oder: „Der Kurs muß ganz besonders genau innegehalten werden!"

Als ob nicht jeder allein fühlte, was jetzt für ihn selbst, für das Boot und das Vaterland auf dem Spiele stand! Als ob nicht alle braven Kerle unten in den Maschinenräumen und an den Torpedorohren schon selbst ihr Allerbestes längst eingesetzt hätten, als ob nicht jeder einzelne auch alle Gedanken seines Kommandanten mit durchlebte und in gleicher Spannung und Erwartung dem Ausstoßen des Torpedos — unserer mit so vieler Liebe und Mühe behüteten „Aale" — entgegensähe und ihren Lauf nicht mit den wärmsten Wünschen begleitete! — Doch verdacht hat es wohl niemand einer U-Boots-Besatzung je seinem Kommandanten, daß er in solchen Augenblicken noch einmal auf die allergenaueste Ausführung aller Obliegenheiten hinwies.

Erlösend wirkt die Meldung des Torpedooffiziers: „Torpedos sind klar zum Schuß!" Mit einem freudigen kurzen „Danke" wird sie entgegengenommen.

Jetzt schnell wieder ein Rundblick! Gar zu langsam gleitet das Sehrohr aus dem Dunkel der Flut hinauf zur Wasseroberfläche. Endlich ist es oben, um sofort wieder in das schützende Innere des Kommandoturmes zurückzugleiten: „Wir kommen ran!" jauchzt der Kommandant. Vernehmlich hören es die benachbarten Leute und von Mund zu Mund pflanzt es sich fort und steigert die Erwartung. „Torpedo fertig!" Mit fester Hand steht der Rohrmeister am Abzugsgriffe des Torpedorohres. Ein einziger kurzer Befehl aus dem Munde seines Kommandanten soll ihn aus seiner Spannung erlösen. Nur ein einziges kurzes Wort und sein Griff am Abzuge des Rohres wird den Torpedo aus dem Rohre befreien und ihn seinen Lauf aufnehmen lassen zum verhaßten, noch ahnungslosen Gegner, dem er sich dann mit gewaltigem Knalle tief in den stählernen Leib bohrt.

Jeder Torpedo bekommt bei uns an Bord von der Mannschaft seinen eigenen Spitznamen. Meist sind es Vornamen von Vertreterinnen des schönen Geschlechtes. Da lagert unten neben der natürlich mitfahrenden „dicken Berta" die „gelbe

Marie" oder die „blanke Emma". Peinlichste
Wartung hat ihnen das gesamte Torpedopersonal
von dem Augenblicke der ersten Begrüßung geschenkt. Auch diese Damen wollen, wie alle anderen, zart und entgegenkommend behandelt sein.

Abermals steigt das Sehrohr zur Oberwelt.
Durch die letzten, schnell gegebenen Kommandos
für das Ruderlegen zur Verbesserung des Schieß-
kurses erfährt jeder im Boot, daß der Kommandant den Gegner gleich im Ziele hat, und sofort
erschallt auch schon das letzte Kommando: „Los!"
unter schnellem Niedersausen des Zielsehrohres.

Auch ohne die vorschriftsmäßige Rückmeldung
des Rohrmeisters weiß jeder, daß der Torpedo
das Rohr glücklich verlassen hat. Kurze, bange,
aber doch in der Erwartung nur allzulange
Sekunden folgen, bis ein dumpfer Knall be-
geistert durch das Boot gellendes Hurrarufen
auf Kaiser und Reich auslöst. Dieser Knall war
das äußere Merkmal, daß unsere „dicke Berta"
unterwegs nicht auf Abwege geriet, sondern
brav ihr Ziel erreichte. Glückstrahlend atmet vor
allem der Kommandant erleichtert auf. Wer
wollte es dem jüngsten Matrosen am Steuerruder, neben ihm im Turme stehend, in diesem
Augenblick verdenken, daß er die Hand des
„Alten" zu ergreifen versucht, um ihn auf-
richtigst zu seinem Erfolge — dem Erfolge des

60

ganzen Bootes — zu beglückwünschen. Doch
dieser wehrt in richtiger Erkenntnis der Lage alle
Glückwünsche ab: „Wir müssen erst sehen, ob
er auch noch schwimmt!" Und wiederum eilt
das Sehrohr hinauf zum lachenden Tageslichte,
und mit freudiger, aber ernster Miene ertönt des
Kommandanten beruhigendes Wort: „Er sinkt
schon, wir können weitere Torpedos sparen!"
Einen schnellen Blick durch das Sehrohr gestattet er noch dem neben ihm stehenden, hoch-
beglückten Torpedooffizier. Auch er hat seinen
bedeutenden Anteil an dem guten Laufe des
Torpedos. Er und sein ganzes Torpedopersonal
haben das nächste Hauptverdienst an dem Gelingen
des Angriffs und an dem schönen Treffer, weil nur
allerpeinlichste Instandhaltung und Wartung unsere Torpedos ihren Lauf zum Feinde finden lassen.

Beide Offiziere blicken einander dann wohl
stumm an, in der Überzeugung, daß der ge-
troffene Gegner nicht mehr lange auf dem Meere
zu schwimmen imstande sein wird. Beide sahen
sein starkes Überlegen nach der Seite, der der
Torpedo die klaffende Wunde beibrachte. Bal-
diges Kentern muß folgen. Beide sahen auch,
daß die Besatzung des getroffenen Feindes durch
eiliges Herablassen ihrer Schiffsboote nur sich
noch zu retten versuchte. Beide sahen es, und es
ist genug, daß sie beide nur es sahen. Der Be-

satzung können sie den Anblick ersparen und mit niedergelassenem Sehrohre ungesehen sich vom Ort ihres Erfolges entfernen. Nach einiger Zeit soll aus größerem Abstande noch ein letzter Blick sie vollends davon überzeugen, daß ihr Opfer gesunken auf dem Grunde des Meeres liegt. Leise und gleichmäßig wie bisher plätschern die Wellen über dem nassen kühlen Grabe des eben noch stolzen feindlichen Schiffes!

Nicht ist es uns dann vergönnt, etwas zur Rettung der mit den Wellen ringenden Seeleute zu tun. Schon eilen die in der Nähe befindlichen flinken Torpedoboote des Feindes zur Rettung ihrer Kameraden herbei — und für unser Boot gibt es weitere Arbeit. — — —

Welche Begeisterung muß die Besatzung unseres lieben gefallenen Kameraden Weddigen und nicht zum mindesten er selbst gespürt haben, als der laute Knall ihres letzten Torpedos die Vernichtung des dritten aufs Korn genommenen englischen Panzerkreuzers verkündete?!

Mobilmachung

Nach langem, aufregendem Warten in den letzten Julitagen des Jahres 1914 kam endlich das erlösende Wort: „Mobil!"

Ein Ende hatten alle Vermutungen: „Geht es los? oder nicht?" Allen Zweiflern war der Mund gestopft.

Wohl freuten sich die Kameraden, die auf neuen, schnellen, kriegsbereiten Fahrzeugen erhoffen konnten, bald an den Feind heranzukommen. Anders werden die Gefühle der noch in Landstellungen und in Geschäftszimmern Zurückbleibenden, oder jener, die ihren Platz auf alten, außer Dienst befindlichen Schiffen fanden. Es sollte ja noch lange Tage dauern, bis sie auch mit rauchenden Schornsteinen und geladenen Geschützen die Haltetaue, die sie noch im Ausrüstungshafen an Land fesselten, lösen durften. Und — war es dann vielleicht nicht schon zu spät? War dann die große Seeschlacht nicht vielleicht schon ohne sie geschlagen? Die Seeschlacht, von der noch vor nicht allzu fernen Jahren ein erster Seelord der englischen Admiralität prahlerisch seinem Volke prophezeite, die englische Marine würde im Falle eines Krieges gegen Deutschland so schnell und gründlich zuschlagen, daß die

Deutschen eines Morgens nach dem Aufwachen beim Morgenfrühstück aus den Zeitungen erfahren würden, daß sie dereinst eine Flotte besessen hätten! — Daß dieses nicht ganz so kommen würde, war allen, denen es jemals vergönnt war, unserer stolzen Marine anzugehören, klar. Nur lächelnd ist seinerzeit in der Marine das anmaßende Wort dieses Prahlhanses gelesen worden.

Wenn nun auch das in vielen Zeitungsartikeln lange Jahre vor dem Kriege in England immer wieder von neuem auftretende Märchen natürlich nicht stimmt, daß wir deutschen Marineoffiziere in unseren Offiziersmessen an Bord der Kriegsschiffe täglich ein stilles Glas leerten „auf den Tag", nämlich den Tag, an dem uns unser Kaiser zum Kampf gegen die englische Flotte führen würde, so brannten wir andererseits jetzt natürlich im frohen Verlangen, in dem uns von der gewaltigsten Seemacht aufgezwungenen Kampf zu zeigen, was wir in harter Friedensarbeit gelernt hatten.

Niemand von uns wollte bei dem ersten Zusammentreffen mit der englischen Flotte fehlen. Es lag ja doch in dem Bereiche der Möglichkeit, daß schon in den allerersten Kriegstagen eine große Seeschlacht geschlagen werden würde. Wenn sie auch nicht entscheidend war, konnte sie doch immerhin dem nächsten Kriegsabschnitte zur See ihren Stempel aufdrücken.

Dann aber nicht mit dabei gewesen zu sein, war natürlich ein quälendes, unerträgliches Gefühl für jeden Berufsoffizier der Marine, wie auch für jeden unserer braven blauen Jungens.

Auch ich war in dieser unangenehmen Lage. Noch hielten mich die Mauern einer Bureaustube für eine Reihe von Tagen gefangen, und dann sollte ich auf ein altes Schiff steigen, das, schon einige Jahre außer Dienst gestellt, in dem stillen Winkel einer unserer Werften seinen Dornröschentraum träumte und wohlverdiente Ruhe nach langen schönen Fahrten über die verschiedensten Weltmeere genoß.

Stolz und voller Begeisterung sahen wir am Ufer zurückbleibenden Bewohner unserer Marinestadt die aktiven Schiffe und Torpedoboote und dazwischen die kleinen, bescheiden durch die Reihen der großen Kolosse der Kampfschiffe sich hindurchwindenden grauen Unterseeboote auf unseres Kaisers Geheiß dem Hafen enteilen, — dem Feinde entgegen!

Trauernd mußte aber außer mir eine ganze Reihe von Kameraden noch an Land, in der Friedensstellung bleiben, mit dem Gefühl, die ausziehenden Kameraden würden sich wohl schon morgen in heißem Kampfe mit dem Feinde den ersten Siegespreis erwerben.

Mit noch höheren Erwartungen und Hoffnungen als viele Angehörige der Marine haben gerade wir von der stolzen Unterseebootswaffe

unsere U=Boote bei Kriegsausbruch mit zu=
versichtlichen Gedanken auf See hinaus begleitet.
Unser bestes Wünschen zog mit ihnen, denen
nach menschlichem Ermessen bald eine große
entscheidende Aufgabe zufallen mußte.

Immer hatten wir uns früher schon gewünscht,
daß es uns in einem Krieg noch vergönnt sein
möge, unser lieb gewonnenes altes U=Boot
siegreich an den Feind zu führen.

Nach allem, was Eingeweihte wußten — unser
Volk gehörte ja, wie zum Glück auch das Ausland,
nicht dazu —, konnten wir große Hoffnungen
auf unsere U=Boote setzen. Aber wohl nur wirk=
liche Kenner des U=Bootes selbst haben ähnliche
Erfolge zu erhoffen gewagt, wie sie ihm im Laufe
dieses an Überraschungen reichen Seekrieges be=
schieden worden sind. Offen gestanden hat aber
wohl kaum jemand es vermutet, daß der U=Boots=
Waffe, wenigstens für den ersten Teil des Seekrie=
ges, die Hauptaufgabe des Krieges zufallen würde.

Einstweilen mußten wir voll Hoffnung auf
baldige große Erfolge unserer U=Boots=Kamera=
den noch in der „Papierkneipe" sitzen bleiben.
Doch auch das war vorläufig nötig, und als
Soldat beißt man dann am besten die Zähne
zusammen und schickt sich in sein Los. Wie vielen
Kameraden ging es ja nicht besser! —

Ganz unerwartet erreichte mich jedoch in den

allererſten Tagen der Mobilmachung telephoniſch
der Befehl, daß ich mich ſofort bei der Inſpektion
des Unterſeebootsweſens in Kiel zur Übernahme
des Kommandos eines ſoeben fertiggeſtellten
neuen ſchönen, großen U=Bootes zu melden habe.

Freudiger und ſchneller iſt wohl niemals ein
Aktenſtück zugeklappt und ein Federhalter fort=
geworfen worden!

Ich glaube, weil ich vor Begeiſterung laut
Hurra rief, kam der alte Bureaudiener erſchrocken
in mein Dienſtzimmer. Jedenfalls kam er, —
was ich gerufen, weiß ich allerdings nicht mehr,
es muß aber auf jeden Fall etwas Vernehmliches
geweſen ſein.

Eilends wurde die Übergabe meiner Geſchäfte
an den Nachfolger erledigt, ſo daß ich mich bald
darauf bei dem höchſten Vorgeſetzten meiner
Dienſtſtelle abmelden konnte.

Nicht lange darauf war die Meldung bei der
neuen Behörde erfolgt und ich ſelbſt an Bord
des ſchmucken neuen Bootes, dem ich mein
Können und Kriegsglück anvertrauen ſollte.

Mit kurzen Worten übernahm ich vor der
verſammelten Mannſchaft das Kommando des
Bootes und mit jubelndem dreimaligen Hurra
auf unſeren Allerhöchſten Kriegsherrn gelobten
wir, unſer Beſtes herzugeben, um ſo ſchnell
als möglich den neueſten Zuwachs der U=Boots=

Waffe voll gefechts- und verwendungsbereit an den Feind führen zu können.

Noch manches gab es zu tun an Bord des erst kürzlich von der Bauwerft übernommenen neuen Bootes. Noch manche Hilfsmaschine mußte durchprobiert werden, manch kleine innere Einrichtung auf persönlichen Wunsch hin verlegt werden. Doch alles waren zum Glück nur Kleinigkeiten, die gar bald dank der emsigen Arbeit unserer braven, ihr Bestes leistenden Besatzung, und dank der unermüdlichen eifrigen Unterstützung durch die unsere Ausrüstung leitende Kaiserliche Werft erledigt waren. Nach einigen Übungs- und Probefahrten und kurzen notwendigen Schießübungen konnte ich das Boot als kriegsbereit und ausgebildet melden. Nach Besichtigung durch meinen Vorgesetzten und einer Abschiedsrede unseres Inspekteurs konnten wir dann, doch immerhin noch in der ersten Hälfte des August, den Heimatshafen verlassen, um in See zu unseren Kameraden zu stoßen.

Muntere Weisen ließ ein noch im letzten Augenblicke vor der Ausfahrt erstandener Musikapparat ertönen, und von höchster innerer Begeisterung erfüllt, fuhren wir in schnellster Fahrt an einigen noch im Hafen verbliebenen Schiffen vorbei, mit denen wir frohe Abschiedsgrüße wechselten.

Bald darauf konnten wir uns mit unseren alten Kameraden vereinen und manchem guten Bekannten wieder im Kreis der lieben U-Boots-Waffe die Hand schütteln.

Schon so vieles konnten sie erzählen von ihren bisherigen Kriegstaten, denn sie waren ja schon so lange im Kriege gewesen. Diese ersten vierzehn Tage des Krieges waren ihnen gleich lang vorgekommen wie uns die vierzehntägige Wartezeit. Wohl jedem ist es so gegangen. Überstürzten sich doch in dieser Zeit alle Nachrichten, alle Eindrücke, alles selbst Erlebte, daß ein jeder eben täglich so viel Neues durchmachte, oder durch Erzählungen anderer wie durch Zeitungsberichte erfuhr, daß schon das tags zuvor Erfahrene am nächsten Morgen gar so weit zurücklag. — —

Von der mannigfachen Tätigkeit unserer U-Boote im ersten Teile des Krieges bis zum Einsetzen des Handelskrieges darf ich aus begreiflichen Gründen zurzeit noch nicht sprechen. Vielleicht wird es nach siegreichem Friedensschluß noch möglich sein, dies und jenes auch weiteren Kreisen bekanntzugeben. Jedenfalls verkündete bereits in der ersten Hälfte des August der Admiralstab der Marine die kurze inhaltsschwere Nachricht: „Unsere U-Boote haben in den letzten Tagen einen Vorstoß bis zur englischen Küste unternommen."

Ist da die Vermutung wohl zu ermessen, daß durch die in dieser Veröffentlichung enthaltene Leistung unserer Boote und deren Beurteilung bei unseren Gegnern deren Hauptstreitmacht von unserer Küste sich geflissentlich fern hielt?

Es hätte anders kommen können, edler Lord, als Ihr anmaßender Ausspruch Ihrem Volke prophezeite.

Die Einleitung des Handelskrieges

Durch die Anfang September 1914 erfolgte Versenkung des englischen Kreuzers „Pathfinder" durch Kapitänleutnant Hersing, der später als Zweiter unserer Waffe für seine Fahrt nach den Dardanellen und die dort kurz aufeinander folgende Versenkung der beiden englischen Linienschiffe „Triumph" und „Majestic" mit dem höchsten Kriegsorden, dem Orden „Pour le mérite", ausgezeichnet wurde, war gewissermaßen der Bann unserer Waffe gebrochen worden.

Viel hatten wir außer dem äußeren Erfolge diesem ersten wohlgezielten Torpedoschusse zu verdanken. Er war für unsere Waffe, wie ich sagen darf, von weltgeschichtlicher Bedeutung. Es war nämlich der erste erfolgreiche Torpedoschuß eines Unterseebootes seit dem Bestehen der U-Boots-Waffe überhaupt! Er leitete gewissermaßen eine neue Ära des Seekrieges ein, und manche Fragen, die die Fachkreise aller Nationen wohl schon oft beschäftigt hatten, mögen durch ihn beantwortet worden sein.

Wir wissen allerdings nicht, welche Fragen alle die verschiedenen Nationen an die Kriegsbrauchbarkeit eigener und fremder U-Boote gestellt und welchen Überlegungen sie sich hingegeben haben.

Eins aber zeigten wir der Welt jetzt deutlich durch einen ersten glücklichen Torpedotreffer. Ein deutsches U-Boot war imstande, nach langem beschwerlichen Marsche bis zur feindlichen Küste, nach schwierigem Hindurchpirschen durch die feindliche Bewachungslinie, ein feindliches Kriegsschiff anzugreifen und durch einen wohlgezielten Torpedoschuß in kurzer Zeit auf den Grund des Meeres zu versenken.

Das Zeitalter des U-Bootes hatte begonnen.

Rasch lösten die Erfolge weiterer deutscher U-Boote hierauf einander ab. Unvergessen ist der weltbewegende Erfolg unseres Weddigen, der den am 22. September 1914 auf der Höhe von Hoek van Holland im Zeitraume von ungefähr einer Stunde versenkten drei englischen Panzerkreuzern „Cressy", „Hogue" und „Aboukir" bald ihren Kameraden „Hawke" zur Gesellschaft auf den Grund der Nordsee schickte. Andere feindliche Kriegsschiffe teilten ihr Los; hier seien einige Namen genannt:

Englischer Kreuzer „Hermes" vor Dover, englisches Kanonenboot „Niger" in den Downs an der Ostküste Englands, russischer Kreuzer „Pallada" in der Ostsee, eine größere Anzahl englischer Torpedoboote und Torpedoboots-Zerstörer sowie mehrere englische Hilfskreuzer und Transportschiffe. Diese waren alle bereits bis Ende des Jahres 1914 versenkt.

Unseren lieben Vettern jenseits des Kanals wurde es ungemütlich, da sie auch noch manch

72

andere Schiffsverluste, sei es durch unsere Auslandsschiffe, sei es durch Minen, zu verzeichnen hatten. Eine neue ungeahnte Art der Kriegführung sollte nun beginnen. Man sah Englands Geschwader nicht mehr auf dem Meere, wenigstens kaum noch auf dem für die Seekriegführung in Betracht kommenden Seegebiete der Nordsee und den Gewässern um ihre eigene Küste.

Ihre wertvollen Schiffe schienen sich nicht mehr weit auf See hinauszuwagen. Nur leichteren Streitkräften schienen sie den unumgänglich notwendigen Bewachungsdienst ihrer Küste anvertraut zu haben neben gewaltigen Minensperren, hinter denen das englische Volk beruhigt schlafen sollte.

Sie fuhren jedenfalls kaum noch bei Tage. Mancher von uns kam deshalb von schwierigen Unternehmen an der feindlichen Küste mit dem traurigen, aber wahren Ausspruche zurück: „Nichts zu machen!" Die Pirsch war vergeblich.

Doch mußten die Engländer wohl gelegentlich Verschiebungen ihrer Seestreitkräfte vornehmen, und wenn sie nicht bei Tage über See fuhren, — so taten sie's vielleicht bei Nacht.

Unsere U=Boote ließen daher nicht locker — sie lagen auf der Lauer.

Wahrscheinlich hatten die Engländer die Überlegung angestellt, daß ihre Schiffe wenigstens bei Nacht vor Angriffen unserer U=Boote sicher seten, und ließen sie nur nachts notwendige Übungsfahrten oder Wechsel der Hafenplätze vornehmen, wobei wir sie natürlich schwerer entdecken und angreifen könnten.

Diese Vermutung sollte stimmen!

Mit keinem verheißungsvolleren Jubelklange konnte für uns das neu beginnende Seekriegsjahr eingeläutet werden als mit dem lauten Knalle, mit dem in der Neujahrsnacht 1914 auf 1915 im englischen Kanale ihr mächtiges Linienschiff mit dem stolzen Namen „Formidable" dem Torpedo eines unserer U-Boote zum Opfer fiel. Der erste erfolgreiche U-Boots-Nachtschuß war somit auch gefallen. Der erste Nachtangriff eines U-Bootes, den viele selbst nach den bisherigen Leistungen der U-Boote bei Tage für unmöglich hielten, war nunmehr mit wiederum überraschend gutem Erfolg ausgeführt.

Wiederum war ein neuer auf der Waffe lastender Bann gebrochen, und wohl die letzten Zweifler mußten verstummen und unumwunden die U-Boots-Waffe voll und ganz als gleichwertig neben den älteren Waffen unserer Kriegsflotte betrachten, — vor allem gleichwertig mit unserer alten lieben Schwester, der Torpedoboots-Waffe, „der schwarzen Kunst".

Dieser verdanken wir schließlich in der Hauptsache unsere ganze Entwicklung und Ausbildung.

74

Wir alle, unser Personal von Offizieren wie Mannschaften, waren zur Zeit der Gründung der U-Boots-Waffe bei der schwarzen Kunst groß geworden. Jetzt ist die kleine Schwester gewachsen, jetzt stehen wir schon seit einer Reihe von Jahren auf eigenen Füßen und können unser Personal vom Eintritt in die Marine an allein erziehen und ausbilden.

„Das Jahr fängt ja gut an!" mußte sich wohl mancher unserer englischen Vettern bei der Nachricht der Versenkung des Linienschiffes „Formidable" sagen, das gleichzeitig das erste durch ein U-Boot überhaupt versenkte Linienschiff war. Weitere sollten bald folgen.

Fremde Zeitungen brachten seinerzeit aus Paris die Nachricht, daß der englische Botschafter, als er am Neujahrsmorgen zum Empfange zu dem Oberhaupt der Französischen Republik fuhr, das in Paris verbreitete Gerücht mitbrachte, in der Neujahrsnacht sei ein großes französisches Kriegsschiff im Kanal durch ein deutsches Unterseeboot versenkt worden. Hierfür habe er dem Präsidenten Poincaré gleich seine tiefste Anteilnahme ausgesprochen. Noch während des Empfanges kam dann die richtige Nachricht, daß es sich nicht um ein französisches, sondern um das englische Linienschiff „Formidable" handele. Die Rollen der Beileidsübermittlung wurden nunmehr vertauscht, doch hätte wohl jeder von beiden

Bundesbrüdern den anderen viel lieber in Trauer über den Verlust eines seiner Schiffe verlassen.

In dem Museum für Meereskunde in Berlin ist ein Spiegel eines Bootes der „Formidable" zu besichtigen — nämlich ein Rückenlehnbrett aus einem der Ruderboote des versenkten Linienschiffes. Einige Tage nach der Versenkung des Schiffes wurde er unversehrt an der Küste bei Zeebrügge angeschwemmt, um jetzt als einziges Erinnerungszeichen an die stolze „Formidable" unser Museum zu zieren.

Noch seltener waren jetzt englische Fahrzeuge zu sehen, weil England seine wertvollen Schiffe nicht unnötigen Gefahren auszusetzen gewillt war. England suchte nunmehr sein Heil in einer immer weiter gehenden wirtschaftlichen Einkreisung Deutschlands. Die sogenannte Aushungerungspolitik setzte ein, sie sollte durch verschärften Druck auf die Neutralen, deren Schiffahrt bestimmte Wege und Untersuchungsstationen angewiesen wurden, diesen die Lust und Liebe und überhaupt die Möglichkeit nehmen, Waren irgendwelcher Art fernerhin an uns zu liefern.

Wie England hierbei in der skrupellosesten Weise die Rechte der Neutralen ohne jede Scheu mißachtete, und wie England die „Freiheit der Weltmeere" in der Praxis hierbei auffaßte, ist zur Genüge bekannt.

Diese englische Anmaßung aber gab Anlaß, in

76

der bekannten Verordnung vom 4. Februar 1915 die gesamte Schiffahrt vom 18. Februar 1915 ab vor gewissen Seegebieten in der Nähe von Groß= britannien und Irland sowie den Gewässern um die französische Nord= und Nordwestküste zu warnen.

Die öffentliche Meinung verstand sofort richtig: daß unseren U=Booten in dem nun beginnenden Handelskrieg die Hauptrolle zufallen würde.

Wiederum brach eine neue Tätigkeit für die deut= schen U=Boote an! Wiederum sollten sie zeigen, was sie in diesem neuen Abschnitte des Krieges zu leisten imstande wären, auf einem ungewohnten Arbeits= felde, an das — wollen wir offen sein — vor dem Kriege wohl nur wenige gedacht haben mögen.

Viele Zweifler traten auch jetzt noch auf den Plan, denn es mußten zur Durchführung der Ankündigung der deutschen Regierung von Unterseebooten Fahrten bis an die englische Westküste zurückgelegt werden. Die Entfernung konnte man sich ausrechnen. Es mußte dann ein U=Boot, nach anstrengendem langen An= marsche, sich noch tagelang im Kriegsgebiet aufhalten können, um die lange Reise lohnend zu machen. Und dann erst konnte es mit ent= sprechenden Erfolgen wieder den Rückweg antreten.

Diese Zweifler, deren es in England nicht wenige gab, suchten mit allen Mitteln das Volk in Sicherheit zu wiegen über diesen neuen deut=

schen „Bluff". Bald aber wurden sie kleinlauter nach dem Erscheinen unserer ersten U-Boote in der Irischen See, vor Liverpool, dem Herzen des englischen Handels! Und in kurzer Zeit stiegen mit jedem versenkten englischen Handelsschiffe nicht nur die Frachtsätze und Versicherungssummen auf nie geahnte Höhen, sondern es sank auch die Lust der englischen Seeleute, sich weiter der gefährlichen Seefahrt zu widmen. Wer es konnte, ließ es sein und blieb an Land. Und es verstummte das Prahlen derer, die die Durchführung der Unternehmungen gegen die englische Handelsflotte als einen großen „Bluff" unsererseits hinzustellen versucht hatten.

In der zweiten Oktoberhälfte 1914 wurde zum ersten Male an der norwegischen Küste bei Skudes Nes in der Nähe von Stavanger ein englischer Dampfer durch ein deutsches U-Boot nach erfolgter Untersuchung versenkt. Es war der englische Dampfer „Glitra", der mit einer Ladung von Nähmaschinen, Whisky und Stahl von Leith nach norwegischen Häfen unterwegs war. Wohl erstaunte Gesichter machten die Herren Engländer, als das kleine graue Ding, eines unserer älteren Boote, in seiner Nähe aus den Fluten emporstieg und ihn durch Flaggensignal und Zuruf zum Beidrehen — ein Seemannsausdruck für das Halten des Schiffes auf der Stelle — aufforderte.

Die auf ihn gerichtete Kanone des Bootes ließ

ihn aber wohl erkennen, daß es nicht ratsam sei, einen Fluchtversuch zu wagen, denn „der Klügere gibt nach" und schließlich ist das Leben dem Menschen lieb. Vor allem sollte der Kapitän eines Handelsdampfers niemals unnütz bei Anhaltung durch ein Kriegsfahrzeug durch Widersetzen oder Fluchtversuch das Leben der ihm anvertrauten Besatzung und der Passagiere aufs Spiel setzen.

Der Kapitän der „Glitra" sah dieses auch ein und kam den Befehlen des deutschen U-Boots-Kommandanten unverzüglich nach. So wurde sein Schiff in Übereinstimmung mit dem allgemeinen internationalen Prisenrecht „in aller Ruhe" versenkt, und die Mannschaft konnte gemächlich ihre Bündel schnüren und mit ihren persönlichen Habseligkeiten in den Schiffsbooten den Dampfer verlassen.

Hätten alle feindlichen Handelsschiffs-Kapitäne ähnlich vernünftig gehandelt, so wäre manch unschuldiges Menschenleben ihrer Besatzung und aus den Reihen der Passagiere verschont geblieben!

Doch ergriffen die Kapitäne später auf die strikten Anweisungen ihrer Regierung die Flucht, anstatt auf Signalaufforderung beizudrehen. Hierdurch wurden in vielen Fällen unsere U-Boote gezwungen, die üblichen Warnungsschüsse in die Nähe der flüchtenden Dampfer zu senden und schließlich auch den Dampfer selbst mit Granaten zu belegen. Wie viele unnütze Menschen-

opfer dieses von der englischen Regierung ange=
ordnete Verhalten ihrer Handelsschiffs=Kapitäne
erfordert hat, wird die Welt wohl nie erfahren.

Doch ging die englische Regierung noch weiter.
Sie setzte sogar Belohnungen für ihre Handels=
schiffsbesatzungen aus für Vernichtung deutscher
U=Boote durch Rammversuche oder Feuer=
waffen. So schuf die englische Regierung das
Franktireurwesen zur See; wie viele ihrer See=
leute bei der zur Selbsterhaltung erforderlichen
scharfen Beschießung der angreifend gegen unsere
U=Boote vorgehenden englischen Dampfer ihr
Leben lassen mußten — wir werden's nie er=
fahren, doch das englische Volk gleichfalls nicht.
Was gilt den Herrschenden in England über=
haupt das Leben des Mannes aus den niedrigen
Kreisen des Volkes?! Die Kapitäne der englischen
Handelsschiffe reizte natürlich die ausgesetzte Geld=
belohnung und vielleicht noch sonstige zu erwar=
tende Auszeichnung. Wir lasen ja des öfteren
in den Zeitungen von Verleihungen hoher Geld=
preise und goldener Uhren und Ernennungen der
Kapitäne solcher Dampfer zu Reserveoffizieren der
britischen Flotte, wenn sie — nach ihren Mel=
dungen — ein deutsches U=Boot vernichtet hatten.
Was kümmerte diese Kapitäne das Leben ihrer
Leute, da Auszeichnungen winkten!

Aber heiter für uns war es, wenn wir, in die

80

Heimat zurückgekehrt, in den englischen Blättern unsere Vernichtung und die Auszeichnungen der englischen Kapitäne für diese kühne Tat lasen. Kein deutsches U=Boot würde noch auf dem Wasser schwimmen, wenn nur ein Teil der Dampfermeldungen über Vernichtungen deutscher U=Boote gestimmt hätte.

Als Kuriosum möchte ich nur ein Beispiel anführen, wo es tatsächlich einem englischen kleinen Dampfer gelungen war, bei unsichtigem Wetter ein gerade vor ihm tauchendes U=Boot am Turme noch eben zu rammen, weil das Boot noch nicht tief genug heruntergesteuert war. Groß und breit standen die Aussagen des Kapitäns mit seinem Bilde in allen Zeitungen. Er bekam außer der Ernennung zum Reserveoffizier der Flotte, wenn ich nicht irre, auch die übliche goldene Uhr von der Regierung. Und dabei hatte er als Beweis für die Vernichtung unseres Bootes nur anführen können, daß er deutlich den Rammstoß verspürt hätte. Dieses hat er allerdings mit vollem Rechte ausgesagt; denn auch im U=Boote ist der Stoß verspürt worden, doch gottlob ohne jeden weiteren Schaden anzurichten. Ganz im Gegenteil konnte der kurz nachher wieder auftauchende Kommandant zu seiner Freude auf der Decke des Kommandoturmes den einen abgeschlagenen Flügel der Schiffsschraube des Engländers vorfinden.

Dem guten Material unseres Kommandoturmes hatte der Rammstoß nichts anhaben
können. Doch der Gegner selbst hatte seine
Schraube verloren und dazu noch den nicht ganz
wertlosen bronzenen Schraubenflügel als Ent-
schädigung auf dem „versenkten" U-Boote
liegen lassen! Wir konnten uns nach diesem
praktischen Versuche mit gutem Rechte sagen:
„Na dann ist das englische Rammen ja auch nur
halb so wild!" Glücklicherweise ist nicht anzu-
nehmen, daß uns im Deutschen Reiche jemals
die Bronze im Laufe des Krieges so knapp werden könnte, daß wir den schönen englischen
Schraubenflügel einschmelzen müßten. Er wird
so hoffentlich nebst einer Reihe anderer schöner
Erinnerungen nach siegreichem Ende des Krieges
unser U-Boots-Museum schmücken.

Ob dann wohl der englische Kapitän wieder
den Reserveoffizierrock ausziehen und die goldene
Uhr ablegen muß?! — —

Erste Ausfahrt zum Handelskrieg

Am 18. Februar 1915 begann der eigentliche sogenannte Handelskrieg gegen die Handelsflotten der feindlichen Mächte, da von diesem Zeitpunkte ab durch die vorhin erwähnte Erklärung der deutschen Regierung die Gewässer um die englische und französische Küste Kriegsgebiet waren.

Bald mehrte sich nach dem angekündigten Termine von Tag zu Tag die Anzahl der verloren gemeldeten feindlichen Dampfer und Segelschiffe. Der Handelsverkehr war erheblich gestört, verschiedentlich stellten Dampferlinien ihre regelmäßigen Fahrten überhaupt ganz ein, die Schifffahrt nach Holland wurde z. B. tagelang von der englischen Regierung vollkommen verboten, und anderes mehr. Kurzum, es war eine noch nie dagewesene Beunruhigung der englischen Handelsschiffahrt wie auch der nach englischen Häfen verkehrenden neutralen Handelsschiffe zu spüren. Man sah ein, der deutsche „Bluff" machte sich doch bemerkbar. Allüberall wurde nach ausreichendem Schutze der Handelsschiffe durch die Kriegsflotte gerufen — doch diese verließ wohlweislich ihre sicheren Häfen nicht; denn den deutschen U-Booten direkt in die Finger zu laufen, das lag der Hauptseemacht des seebeherrschenden England nicht mehr.

Höchstens alte Wachboote und Fischdampfer sendete man zur Beruhigung der schiffahrt-treibenden Kreise aus. Im übrigen hatten die Handelsschiffe schon den Befehl, sich selbst zu helfen, ja nicht nur diese! Sie hatten auch Anweisung, sich selbst zur Wehr zu setzen und gar selbst die bösen feindlichen U-Boote zu vernichten. Hierfür winkten ihnen gute Belohnungen und Auszeichnungen, also hatte die englische Flotte ja gar keinen Grund mehr, selber einzugreifen. Was brauchte man wertvolle Teile der Flotte aufs Spiel zu setzen, wenn sich die eigentlichen Leidtragenden der Handelsschiffahrtskreise im ureigensten Interesse selbst zu helfen versuchen würden?

Vom praktischen Standpunkte aus betrachtet, läßt sich gegen diese Auffassung ja auch kaum etwas einwenden. Doch wie bitter müssen die betroffenen Kreise in Englands Handelswelt diesen mangelnden Schutz durch ihre Hauptstreitkräfte empfunden haben! Aber uns geht dies ja nichts an.

Naturgemäß konnten wir in der Jahreszeit des gerade scheidenden Winters und soeben erst einsetzenden Frühlings, wegen häufigen schlechten Wetters nicht gleich so große zahlenmäßige Erfolge erzielen, wie sie die Sommermonate mit ihren gelinden Winden und langen klaren Tagen bringen sollten. Was an Erfolgen gemeldet wurde, das wurde von uns Daheimgebliebenen registriert,

84

und eifrig sammelten wir die Zeitungsabschnitte, um sie unseren Kameraden bei ihrer glücklichen Wiederankunft im Heimatshafen zu übergeben. Doch deren erste Frage war immer: „Herrschaften, was ist denn nun eigentlich inzwischen alles passiert?"

Schwer fällt die Antwort auf diese in solchem Augenblicke so selbstverständliche Frage.

Ich selbst habe jedesmal, von einer längeren Unternehmung heimkehrend, bei dem Ansteuern der deutschen Küste die weit draußen auf Vorposten liegenden ersten unserer Schiffe durch Signal gefragt: „Was ist in der Zeit vom soundso vielten vorigen Monats passiert?" Ein jeder der uns im Vorbeifahren freudig zuwinkenden Kameraden hätte uns gerne alles sofort mitgeteilt, doch fast nie gelang es mir, bei dem schnellen Vorbeidampfen eine positive Antwort zu erhalten. Warten will natürlich auch niemand, dem nach langem Unternehmen wieder der heimatliche Hafen winkt. Es geht uns da genau so wie dem Pferde, das zum Stalle will. Stets hätten unsere Kameraden auf den Vorpostenschiffen und Torpedobooten uns gern alle inzwischen wieder errungenen großen Siege mitgeteilt, doch niemand hat eigentlich jemals gleich eine Antwort für uns gefunden. Immer nur erhielten wir als Antwortsignal: „Nichts Besonderes!" zurück. Dabei hatten inzwischen unsere siegreichen Truppen im Westen die ersten gewaltigen Schlachten gewonnen, oder ihren Siegeszug durch Belgien oder Serbien vollendet, oder den russischen Festungsgürtel erobert. Selbst der Eintritt Italiens in den Weltkrieg hatte auf die angefragten Stellen scheinbar keinen Eindruck gemacht, auf den sie sich gleich besinnen konnten. Nur einmal bekamen wir schon weit draußen von einem deutschen Fischdampfer sofort als Antwort die freudige Nachricht: „Die Türken haben losgeschlagen!“

Bescheiden möchte ich da die Frage aufwerfen, ob es zu jenem Zeitpunkte wohl viele Leute im deutschen Vaterlande oder überhaupt auf der Welt gegeben hat, die auf den Gedanken gekommen wären, daß mit dem Eintritte der Türkei in den Weltkrieg ein neues Wirkungsfeld für unsere deutschen U-Boote erstehen sollte. Wer dachte sich wohl damals, daß bei dem nunmehr bald zu erwartenden Ansturme der verbündeten Gegner auf die Dardanellen gerade wieder deutsche U-Boote ein entscheidendes Wort in dem entlegensten Winkel des Mittelländischen Meeres würden mitsprechen dürfen? — —

Doch zurück zu unserer eigentlichen Betrachtung über den Beginn des Handelskrieges in den Gewässern unserer Feinde.

Endlich sollte auch uns die Freude winken, in der Reihenfolge unserer U-Boote zur Betätigung im Handelskriege entsandt zu werden.

Eine gar weite Reise sollte überstanden werden, gar vieles war daher zu überlegen.

Die Ausrüstung eines U-Bootes für eine derartige Reise, weit hinein in das feindliche Gebiet, mit der sicheren Aussicht einer mehrwöchigen Dauer, erfordert so manche Vorbereitung.

Zuerst kommen die Sorgen und Vorbereitungen an Boot und Maschine. Auf das allergründlichste will jeder einzelne Teil des Bootes nachgesehen und geprüft werden, jede einzelne Hilfsmaschine beansprucht ihre peinlichste Wartung. Nur dann ist sie bereit, wie ein wohlgepflegtes Pferd, wenn's von ihr verlangt wird, voll und ganz ihre Schuldigkeit zu tun und alles herzugeben, was sie nur irgend zu leisten imstande ist. So erscheint es wohl leicht begreiflich, daß schon Tage vorher jeder einzelne im Boote nochmals auf das eingehendste die ihm zugewiesenen Stationen des Bootes untersuchen muß und seine Einrichtungen durchprobiert. Jeder Mann weiß, was für ihn selbst wie für das Wohl und Wehe des ganzen Bootes bei den kleinsten Versagern auf dem Spiele stehen kann. Eine gründliche Erprobung der gesamten Bootseinrichtungen erfolgt dann durch einige Tauchmanöver und Exerzitien unter Wasser durch den Kommandanten noch in den heimischen Gewässern, unbehelligt von feindlichen Streitkräften und Minen.

Hat alles geklappt, so kann der Kommandant mit ruhigem Herzen das Boot seinem Vorgesetzten klar melden, fahrtbereit zur Leistung aller an Boot und Besatzung nur irgend zu stellenden Aufgaben.

Von oben herab kommt dann der Befehl zur Entsendung an die feindliche Küste und zum möglichst baldigen Verlassen des Hafens. Eilends wird der Proviantvorrat „bis zur Halskrause" aufgefüllt, denn ungefähr dreißig Mann wollen im Laufe mehrerer Wochen satt gemacht werden und sollen gut und reichlich essen. Sonst würde man keine großen Leistungen von ihnen erwarten dürfen.

Oft habe ich im Inneren gelacht, wenn ich bei der Ausrüstung unseres Bootes für eine längere Unternehmung die Mengen des eingekauften Proviantes auf dem Decke des Bootes stehen sah, wohin es die verschiedenen Lieferanten schaffen müssen, denn das geheiligte Innere des Bootes dürfen sie natürlich nicht betreten. „Das soll also alles mit, — das soll alles in dem lieben kleinen Boote untergebracht werden," und: „Das sollen wir unterwegs alles aufessen." Aber es geht alles, und wie manchmal konnte man bei der Rückkehr nach langer Fahrt vermelden, „daß der Proviant gerade ausverkauft sei," und „daß er doch schon drohte, höllisch knapp zu werden."

Schon in kürzester Frist ist bald darauf der Proviant hinuntergebracht in die Vorratsräume des Bootes. Jede Ecke, jeder verfügbare Winkel des Bootes ist ausgenutzt zur Unterbringung der Lebensmittel und der Ausrüstungsgegenstände der Besatzung. Manche Hausfrau würde die Hände über dem Kopfe zusammenschlagen, wenn sie unsere Speisekammern und unsere Wäsche= schränke zu sehen bekäme.

Unser Koch, ein besonders hierfür ausgebildeter Matrose, muß alle Sinne zusammennehmen, um nur überhaupt alle die leckeren Sachen und Zu= taten zu finden, die er allein für eine Mittags= mahlzeit gebraucht. Die Kartoffeln muß er von ganz hinten im Boote herbeiholen. Da liegen sie in Säcken verstaut, tief unten im Boote unter den Torpedos. Das Fleisch hängt vorne an kühlem Orte bei der Munitionskammer für die Artilleriemunition. Freundschaftlich vertragen sich hier die aufgehängten Dauerwürste mit den rötlichen scharfen Granaten. Die Butter liegt unter der Koje — dem Bette des Steuermanns, wieder in einer anderen Abteilung des Bootes, während das Salz und das sonstige Gewürz viel= leicht gar unter der Koje des Kommandanten seinen Platz gefunden hat. Wehe dem Koch, wenn er nun zu spät an das Herbeischaffen und Zu= sammensuchen all dieser einzelnen Dinge gedacht haben sollte und etwa den Kommandanten, der sich gerade müde auf seine Koje gelegt hat, bit=

ten muß, nur für einen Moment wieder aufzustehen. Freundliche Worte seines höchsten Vorgesetzten hat er dann wohl kaum zu erwarten, und er wird sich daher leicht überlegen, ob er nicht besser tut, das Salz heute mittag einfach fortzulassen. — Doch dann schimpft die gesamte Besatzung und der Kommandant mit beim Mittagessen auch auf ihn. — „Wer die Wahl hat, hat also auch auf einem U-Boote die Qual!!" Ja, du liebe deutsche Köchin in deiner geräumigen sauberen Küche und der bequem daneben liegenden Speisekammer, auch du, glaube ich, würdest Hochachtung bekommen vor dem braven Unterseebootskoch und würdest zugeben müssen, daß er mit gutem Erfolge unter weniger angenehmen Verhältnissen in dein geheiligtes Handwerk hineingepfuscht hat.

Sobald der nötige Proviant und die Betriebsstoffe für die Maschine voll aufgefüllt sind, wird der Mannschaft noch eine kurze Ruhe und das vor allem so heiß ersehnte warme Bad gewährt — beides soll so bald nicht wiederkommen. Nur wer es gesehen hat, mit welcher Freude die Besatzung eines von langer Fahrt heimgekehrten U-Bootes das warme Bad begrüßt, um den wochenlangen Schmutz, in den die Abdämpfe der Ölmaschinen ihren Körper auf der Fahrt eingewickelt haben, oder die Salzkruste, mit der das spritzende Meereswasser Gesicht, Hals und Hände überzogen haben,

90

wieder abzutauen, kann verstehen, was das warme Bad vor und nach der Reise unseren U=Boots= Leuten bedeutet.

Denn gar sparsam heißt es auf der langen Fahrt mit dem dem mitgeführten Frischwasser= Vorrat zu entnehmenden Waschwasser umzu= gehen. Das Seewasser eignet sich bekanntlich seines Salzgehaltes wegen weder zum Trinken und Kochen, noch auch zum Waschen, da sich keine Seife in dem salzigen Seewasser auflöst.

Bei Hellwerden am nächsten Tage soll das Boot dann den Heimatshafen verlassen. Am Abende vorher hat der Kommandant seine letzten Instruktionen durch seine Vorgesetzten erhalten. — Dann soll er alleine handeln. Wochenlang wird ihn kein weiterer Befehl seiner Vorgesetzten erreichen. Wochenlang hat er nie= manden um sich von gleichem Dienstalter und gleicher Diensterfahrung. Er kann niemand um Rat fragen, mit niemand dieses und jenes besprechen. Also trägt er viel Verantwortung auf seinen Schultern bis zur glücklichen Heimkehr.

In ernster Stimmung vergeht der letzte Abend im Kreise der zurückbleibenden Kamera= den. Ernst und voll bewußt der zu erwartenden Anstrengungen ist aber nicht nur der Komman= dant allein, nein, jeder einzelne Matrose weiß, was die nächsten Wochen von ihm verlangen werden.

Mit Tagesanbruch geht es hinaus. Kein lauter Abschied, kein fröhliches Spiel einer Militärkapelle, keine winkenden Mädchen oder uns froh zujubelnden Kinder geleiten unser Boot aus der Einfahrt des Hafens hinaus. Still und ruhig schleicht es hinaus, und niemand außer den allernächsten Beteiligten ahnt überhaupt, wohin das Boot den Kurs jetzt richten wird und wann es wieder zurückkommen soll und wird. Schade ist es, daß uns in der Marine, auch beim Auslaufen zu Friedensmanövern, kaum jemals ein solcher Abschied geboten wird, wie in der Garnison dem zum Manöver ausrückenden Truppenteile der Armee. — Auch wir zögen gerne bei den Klängen des schönen Liedes: „Muß i denn, muß i denn zum Städtlein hinaus .." durch die jubelnde, uns alles Gute wünschende Menge zum Bahnhofe. Auch wir winkten gerne Weib und Kind oder der Braut oder der, die es werden soll oder möchte, noch einmal zum Abschiede zu. Auch wir würden gerne unseren Bekannten und Verwandten mitteilen, wohin es geht, damit sie uns bei den Kämpfen und Siegen verfolgen könnten. Es kann nicht sein. Es darf niemand außer uns selbst wissen, wohin die Reise geht und ob wir überhaupt die heimischen Gewässer verlassen sollen; denn schon das bloße Ahnen unseres

92

Ausmarsches und Reiszieles könnte uns gar leicht verraten und unseren Erfolg in Frage stellen.

So scheiden wir in aller Stille. So lassen wir die Heimat hinter uns, ohne daß jemand unserer Angehörigen etwas hiervon weiß, und nur das längere Ausbleiben von Nachrichten wird ihnen die Gewißheit geben, daß wieder etwas im Gange ist, daß wir bei der Arbeit sind.

Frühmorgens am Tage des Auslaufens, noch in tiefster Dunkelheit, werden die allerletzten Ausrüstungsgegenstände an Bord geschafft und die Maschinen nochmals von dem Maschinenpersonal durchprobiert, bis der leitende Ingenieur zur festgesetzten Stunde dem Kommandanten die Meldung machen kann, daß alles in Ordnung ist.

Ein lauter Pfiff ruft sodann die Mannschaften auf ihre Manöverstationen zum Ablegen des Bootes. Schnell sind die Leinen gelöst, die das Schifflein noch an die heimische Küste gebunden hielten, und auf die rasselnden Klingelsignale der Maschinentelegraphen setzt sich das Boot in Bewegung und enteilt dem Hafen. Ein letzter stiller Gruß wird mit den an Deck der Nachbarboote stehenden Kameraden und Vorgesetzten ausgetauscht, man wünscht sich durch Signal glückliche Fahrt, und manch einem der Zurückbleibenden entringt sich der stille Wunsch: Ach, wären wir doch auch erst wieder so weit! —

Weiter und weiter entschwindet das Land unseren Blicken, nur die ab und zu an uns vorbeitanzenden Seezeichen scheinen uns noch die letzten Heimatsgrüße zuwinken zu wollen. Wir selbst wünschen ihnen wohl auch in Gedanken, daß sie weiter ausharren mögen an ihrem einsamen nassen Platze, an den heimischen Meeresgrund gekettet, um allen Kameraden weiter sicher den Weg zu zeigen in den lieben deutschen Hafen hinein, und daß sie auch uns nach glücklicher Fahrt wieder hineingeleiten mögen.

Das bisher ruhig dahingleitende Boot wird erst sanft und dann immer stärker von heimischen Wellen geschaukelt, je mehr es sich der offenen See nähert und die eigentliche Seefahrt beginnt. Doch das Gefühl, daß alles im Boote bis ins kleinste in bester Ordnung ist, läßt uns lachen über die Ohnmacht der immer stärker und lauter gegen unsere Bordwand schlagenden Wellen. Sie meinen's nicht böse mit uns, die wilden Seen. Sie tragen uns ja auch auf ihren Köpfen auf unserer ganzen Fahrt. Sie wollen uns ja hinführen zu dem verhaßten Feinde und sie nehmen ja so gerne den Seemann zur ewigen Ruhe in sich auf. —

In aller Stille verließ so auch das mir unterstellte Boot „U ...“ an einem schönen Märzmorgen den Heimathafen und strebte der feindlichen Küste zu, um sich zum ersten Male im Handelskriege zu betätigen.

Leise plätscherten die Wogen an die Bordwand und überspülten das niedrige Oberdeck des Bootes. Bald sollten sie uns in die Nähe der englischen Küste geleiten.

Unsere Aufgabe bestand nun außer in dem Vorgehen gegen die angetroffenen feindlichen Kriegsschiffe in der Untersuchung aller uns begegnenden Kauffahrteischiffe und in der Vernichtung aller feindlichen Handelsschiffe. Diese Untersuchung erstreckt sich in erster Linie darauf, die Nationalität des anzuhaltenden Schiffes festzustellen.

Schon am nächsten Morgen sollte sich uns hierzu verschiedentlich Gelegenheit bieten.

Bekanntlich führen die englischen Handelsschiffe im Kriege, sogar auf Anweisung oder Anraten ihrer Regierung, sehr häufig die Flaggen und Abzeichen einer neutralen Nation. Sie hoffen hierdurch, dem Anhalten und der Untersuchung durch unsere Kriegsschiffe entgehen zu können.

In aller Erinnerung wird es noch leben, daß seinerzeit durch ein Funkentelegramm der englische Riesendampfer „Lusitania", den späterhin sein Schicksal ja doch ereilen sollte, bei einer seiner ersten Fahrten nach der Kriegsgebiets-Erklärung, wegen der in der Irischen See gesichteten und unliebsam bemerkbar gewordenen deutschen U=Boote durch die englische Regie= rung die Anweisung bekam, bei der Annähe= rung an die heimische Küste die eigene englische Flagge niederzuholen und dafür das Sternen= banner der Vereinigten Staaten von Amerika zu hissen.

Kriegslist manches Handelsschiffs=Kapitäns ist schon in früheren Kriegen häufig das Setzen einer falschen Flagge gewesen, um den in der Nähe befindlichen feindlichen Kriegsschiffen zu entgehen. Neu war aber hier, daß sogar die Regierung Englands öffentliche Anweisung an ihre Führer der Handelsschiffe ergehen ließ zum Setzen einer falschen Nationalitätsflagge und noch dazu der Flagge eines neutralen Staates.

Es war uns U=Boots=Kommandanten daher von vornherein klar, daß wohl alle englischen Dampfer die gleiche Anweisung erhalten haben würden, auf gut deutsch, daß wohl niemandem mehr auf dem Wasser zu trauen wäre. Ein jeder Dampfer mußte daher gründlich unter= sucht werden, um aus seinen Papieren die Nationalität einwandfrei festzustellen, oder, falls diese auch gefälscht sein sollten, aus dem Ein= drucke, den der Führer des Dampfers und die Besatzung machten, vielleicht auch aus der Bau= art des Schiffes und dem fälschlich übermalten

Namen von Schiff und Heimatshafen, die jedes Schiff am Heck (Hinterteil) des Schiffes zu führen verpflichtet ist, die Nationalität zu ermitteln.

Es war klar, daß durch diese oft lange dauernden Untersuchungen die wirklich neutralen Schiffe viel zu leiden haben würden. Abgesehen von dem eigentlichen Aufenthalte durch die Untersuchung selber — und Zeit bedeutet in der Handelsschiffahrt schon an und für sich in besonders hohem Maße Geld — traten doch weiter hierdurch gleich mitverbundene Nachteile für die angehaltenen Handelsschiffe ein. Vielleicht konnte ein Dampfer durch diesen unfreiwilligen Aufenthalt den Hafen nicht mehr vor Dunkelheit erreichen, da das Einlaufen in manche Häfen, zumal im Krieg, bei Dunkelheit wenigstens schwierig, wenn nicht ganz unmöglich ist. Dieser Dampfer wäre dann dazu verurteilt worden, unnütz eine ganze Nacht noch vor dem Hafen auf See zu bleiben, und am nächsten Morgen winkte ihm dann womöglich noch eine abermalige Untersuchung durch ein anderes Kriegsfahrzeug. Vor allem aber konnten sehr häufig die Fahrgäste nicht mehr rechtzeitig die Anschlüsse an die Eisenbahnzüge erhalten. Dergleichen unliebsame Störungen gab's gar viele noch.

Es ist daher erklärlich, daß die neutralen Staaten alles versuchten, um ihre Schiffe einwandfrei unseren Kriegsfahrzeugen als neutrale Schiffe kenntlich zu machen.

Vorstellungen bei der englischen Regierung über das rechtswidrige Führen ihrer Flaggen wurden von den neutralen Staaten entweder erst gar nicht unternommen, da sie sich doch keinen Erfolg hiervon versprachen, oder die englische Regierung ließ sich auf etwa gemachte Vorstellungen nicht ein und handelte weiter so, wie es ihr eben beliebte.

Aus diesem Grunde sannen die Schiffahrtskreise der neutralen Staaten auf Mittel und Wege, um ihren Schiffen Abzeichen zu geben, die nicht so leicht nachzumachen wären, wie etwa eine schnell zu Unrecht gehißte Flagge.

Fast alle Schiffe neutraler Staaten, die das Kriegsgebiet durchfuhren, hatten deshalb an beiden Schiffsseiten große Flächen der Bordwände vorn und hinten mit ihren Nationalfarben bemalt und außerdem in großen, weithin sichtbaren Buchstaben den Schiffsnamen und ihr Heimatsland aufgemalt. Nachts wurden diese Namen und die meist im Topp der Masten gehißten Flaggen vielfach elektrisch beleuchtet, um auch bei Dunkelheit ein schnelleres Erkennen zu gewährleisten.

Doch auch all dieses sollte nicht genügen, da englische Schiffe sich nicht scheuten, selbst diese Abzeichen nachzumachen. Es blieb uns also nichts weiter übrig, als einfach jedes Schiff zu untersuchen, wenn es nicht

98

etwa schon vorher auf Grund der bekannten Bauart einwandfrei als neutrales Schiff erkannt wurde.

Die Untersuchung eines Schiffes durch ein Kriegsschiff geht nun im allgemeinen folgendermaßen vor sich.

Das Kriegsschiff, das ein Handelsschiff auf hoher See untersuchen will, geht in dessen Nähe und fordert es durch Flaggensignal zum Beidrehen (Halten auf der Stelle) auf. Kommt das Handelsschiff dieser Signalaufforderung nicht gleich nach, so versucht das Kriegsschiff, seinem Willen durch Abgabe von Warnungsschüssen, blinden Schüssen oder Schüssen, die in der Nähe des angehaltenen Schiffes in das Wasser einschlagen, Gehorsam zu verschaffen. Kommt das Handelsschiff auch dann noch nicht der Aufforderung nach, oder versucht es gar, mit hoher Fahrt zu entkommen, so ist das Kriegsschiff berechtigt, durch scharfe Schüsse auf das Handelsschiff selbst seinen Willen durchzusetzen. Liegt der Dampfer nun gestoppt da, oder ist das Segelschiff beigedreht — dieses bedeutet bei einem Segelschiffe so viel, daß es durch die Stellung seiner Segel zur Richtung des Windes keine Fahrt durch das Wasser mehr machen kann — so entsendet das Kriegsschiff ein Boot mit einem bewaffneten Prisenkommando unter Führung eines Offiziers, um die Papiere des angehaltenen Schiffes zu untersuchen.

Jedes Handelsschiff ist verpflichtet, folgende Ausweispapiere stets an Bord zu haben: erstens ein sogenanntes Schiffs-Zertifikat, aus dem die Nationalität, der Heimatshafen und der Besitzer des Schiffes außer den sonstigen Angaben über Bauart und Größe ersichtlich sind, zweitens genauen Ausweis über die Art der Ladung und die Namen der Besatzung — bei Passagierdampfern kommt noch die Liste der Passagiere hinzu —, und drittens eine Bescheinigung der Hafenbehörde des Hafens, aus dem das Schiff kommt, mit dem Ziel der Reise. Werden alle diese Papiere für richtig und einwandfrei befunden, so wird das Schiff wieder entlassen. Ein feindliches Schiff unterliegt dagegen sofort der Aufbringung und eventuellen Versenkung. Von einem neutralen Schiffe unterliegt dagegen, wie schon früher kurz erwähnt wurde, nur der Teil der Ladung der Beschlagnahme, der Bannware enthält — direkt oder indirekt zur Kriegführung gehörige Artikel. Falls dieser Teil der Ladung nun über die Hälfte der gesamten Ladung ausmacht, so verfällt auch das neutrale Schiff selbst.

Für U-Boote war diese Untersuchung insofern besonders schwierig, als wir meist nicht in der Lage waren, ein Boot mit einem Prisenkommando an Bord des angehaltenen Handelsschiffes zu senden. Alle Reedereien der neutralen

Staaten hatten daher ihren Kapitänen die Anweisung gegeben, selbst in Schiffsbooten ihre Papiere durch einen ihrer Schiffsoffiziere an Bord des sie anhaltenden U-Bootes zur Untersuchung zu schicken. Es war ja andererseits auch ihr eigenster Vorteil, die Untersuchung möglichst abzukürzen. Trotzdem kann es hier nochmals nur mit Genugtuung festgestellt werden, daß die Kapitäne der neutralen Schiffe nach diesen Anweisungen ihrer Reedereigesellschaften stets handelten und uns unsere schwierige Aufgabe dadurch wesentlich erleichterten.

Schon die ersten von uns angehaltenen Dampfer verfuhren so. Leider waren es tatsächlich Neutrale, so daß wir sie wieder laufen lassen mußten. — Nachdem der Offizier, der an Bord gekommen war, als Friedenspfeife eine der vielen an Bord vorhandenen Liebesgaben-Zigarren sich angesteckt hatte, verabschiedeten wir uns mit Händedruck und den gegenseitigen Wünschen für glückliche Fahrt.

Traurig umhüllten dann unsere Geschützbedienungen wieder ihre schon zum Schießen klar gemachten Kanonen mit den schützenden Bezügen in der grimmigen Erkenntnis: „Das war ja mal wieder bloß so ein Neutraler!"

Der erste versenkte Dampfer

Bei lachendem Sonnenscheine waren wir gerade an einem Nachmittage in der allernächsten Nähe des Maas-Feuerschiffes, das zum sicheren Auffinden der Ansteuerung der bedeutenderen holländischen Hafenplätze auf hoher See ausliegt, mit der Untersuchung eines holländischen Dampfers beschäftigt, als sich in schneller Fahrt ein schon von weitem nach der Bauart als englisches Handelsschiff erkenntlicher Dampfer unserem Schiffsorte näherte. Der untersuchte Dampfer erwies sich auf Grund seiner Ausweispapiere einwandfrei als neutrales Schiff, nach neutralem Hafen bestimmt, und konnte entlassen werden.

In dem Augenblicke, als der entlassene Dampfer wieder alten Kurs und Fahrt aufnahm, wurde der sich uns nähernde englische Dampfer auf uns anscheinend erst aufmerksam. Eilends drehte er sofort um und versuchte, mit höchster Maschinenleistung der drohenden Gefahr zu entgehen und die englische Küste oder die sicherlich in nicht allzu großem Abstande hinter ihm stehende Linie der englischen Bewachungsfahrzeuge zu erreichen.

Wohl wußte der Kapitän, was er für sein Schiff zu erwarten hätte, wenn er dem bösen deutschen U-Boote in die Finger laufen würde.

Mächtige, aus seinem Schornsteine emporsteigende Rauchwolken gaben Zeugnis von dem emsigen Arbeiten der Heizer in den Kesselräumen. Durch möglichst große Dampferzeugung wollte er die Geschwindigkeit des Schiffes bis zum äußersten steigern, um uns zu entrinnen.

Noch bevor wir Zeit oder Gelegenheit gefunden hatten, das AnhalteSignal im Maste emporzuheißen, war er längst auf der Flucht.

Indessen hatten auch wir uns sofort nach Abstoßen des Bootes des untersuchten neutralen Dampfers auf seine Verfolgung gemacht. Auch unsere Maschinen wurden zur äußersten Leistung angespornt, um den Fliehenden einzuholen.

Er lief nicht schlecht, der fliehende Engländer, und eine gar lange Wegstrecke von mehreren Seemeilen (eine Seemeile = achtzehnhundertzweiundfünfzig Meter) gab es zu überwinden bevor wir in seine Nähe gelangten und ihm unseren Willen aufzwingen konnten.

Unser munter im Winde wehendes internationales Flaggensignal: „Stoppen Sie sofort, oder ich schieße!" schien ihn nicht zu berühren. Er schaute nur vorwärts und sah aus nach den ersten rettenden Bewachungsfahrzeugen, die ihn aufnehmen und schützen sollten.

Mächtig wühlte sich der Bug (Vorderteil) unseres Bootes in die gegenanlaufende See, hob sich dann wieder und übergoß Schiff und Leute mit silbern blitzendem Spritzwasser. Die Maschine gab her, was sie konnte, und das Rauschen des Schraubenwassers zeigte an, daß auch unten an den Ventilen der Motoren ein jeder seine Schuldigkeit tat.

Gespannt überflog ein jeder die Entfernung von dem flüchtenden Engländer zu uns. Wurde dieser Abstand kleiner? Kamen wir ihm auf? Oder lief er uns etwa mit höherer Fahrt weg, bevor unsere Geschütze ihr ernstes Wort mitsprechen konnten?

Nein! Gar bald hatten unsere unermüdlich mit höchster Leistung laufenden Motoren unserem Boote eine überlegene Geschwindigkeit verliehen, und einwandfrei konnten wir das Geringerwerden unseres Abstandes von dem fliehenden Feinde freudig feststellen. Nicht lange sollte es dauern, bis der erste Warnungsschuß aus dem Munde einer unserer Kanonen über das Wasser rollte und laut klatschend vor dem Bug des Engländers eine hohe Wassersäule als Drohung auftürmte.

Doch noch immer hoffte der Engländer, uns entrinnen zu können, und immer mächtiger entstieg seinem Schornsteine der dicke Rauch, immer emsiger mußten die schwitzenden Heizer unten im Heizraume Kohlen in die feurige Glut des

Keffelfeuers hineinwerfen. — Auch sie wußten, was auf dem Spiele stand.

Sogar als zwei weitere wohlgezielte Warnungsschüsse aus ehernem Kanonenmunde rechts und links in allernächster Nähe des Feindes einschlugen und dem Kapitän des Dampfers eigentlich sagen mußten, daß weiteres Entfliehen zwecklos sei, weil die nächsten Schüsse ohne Frage in den Rumpf seines Dampfers schlagen mußten, schien es ihm noch nicht geboten, unserem Signalbefehle nachzukommen und sein Schiff zu übergeben.

So blieb nichts anderes übrig, als den nächsten Schuß in den Rumpf des Dampfers hineinzufeuern und das letzte und schärffte Mittel zur Durchführung unseres Befehles anzuwenden.

Pfeifend und sausend löfte sich die Granate aus dem Geschützrohre, um laut krachend, in eine Rauchwolke gehüllt, kurze Sekunden später ins Achterdeck (hinteres Deck) des Dampfers einzuschlagen. —

Das hatte gewirkt!

Unverzüglich stoppte der verfolgte Dampfer und gab uns durch das allgemeine internationale Signal — drei kurze Töne mit seiner Dampfpfeife — zu verstehen, daß er durch Rückwärtsschlagen seiner Maschine die Fahrt aus dem

Schiffe herauszubringen beabsichtige. Also gab er das wilde Rennen auf.

Mächtige weiße Wolken des jetzt überflüssig gewordenen hochgetriebenen Wasserdampfes entstiegen dem Schornsteine, und schweren Herzens beantwortete der Kapitän unser weiteres Flaggensignal: „Verlassen Sie sofort das Schiff!" mit dem Aufziehen eines rot und weiß gestreiften Flaggenwimpels, — dem international verabredeten Zeichen, daß das Signal verstanden sei.

Gar viel bedeutet dieses kleine Flaggenzeichen für den so betroffenen Dampferführer und seine Besatzung.

Es heißt nicht mehr und nicht weniger als: „Ich bin damit einverstanden, daß mein altes liebes Schiff binnen kurzem auf dem Grunde des Meeres ruht." Fraglos ein schwerer Entschluß für den Kapitän eines stolzen Schiffes!

Meist hat die Mannschaft sich längst in ihr Los gefügt. Und während wir mit unserem Boote noch aufdampfen, um mündlich mit dem Kapitän weiter zu verhandeln, läßt die Mannschaft bereits eilends die Schiffsboote ins Wasser und wirft ihre Habseligkeiten hinterdrein.

Daß wir hingegen unseres Erfolges froh waren, bedarf keiner weiteren Schilderung. Oft habe ich selbst dem Schützen die Hand geschüttelt, der den letzten tödlichen Schuß dem Gegner beigebracht hatte.

Denn wie wäre hier Rührung am Platze? Versinkt doch mit jedem zur Tiefe sausenden feindlichen Schiffe eine Hoffnung unserer verhaßtesten Feinde. Ist doch jedes Versenken eines feindlichen Schiffes eine Quittung für ihren frevelhaften Wunsch, unser ganzes Volk, unsere Frauen und Kinder auszuhungern, da es ihnen nicht gelingen wollte, uns mit blanker Waffe in ehrlichem Kampfe niederzuringen.

Und da sollten wir nicht jauchzen in berechtigter Freude?

Nachdem die Besatzung des erwähnten englischen Dampfers „Leeuwarden" aus Harwich das seit unserem ersten Treffer schon brennende Schiff verlassen hatte, saß auch der nächste Schuß wieder als guter Treffer in der Wasserlinie.

In mächtigen Strahlen schoß das Wasser in den hinteren Laderaum, und gar bald zeigte ein starkes Neigen des Dampfers, daß seine Stunden gezählt waren.

Wir konnten uns daher um die in den Booten befindliche Mannschaft, zirka fünfundzwanzig Mann, kümmern. Vor allem waren dem Kapitän die Schiffspapiere abzufordern, die mitzunehmen ich ihm befohlen hatte.

In gedrückter Stimmung ruderten die Insassen beider Boote auf unsere Aufforderung uns näher. Wir sahen, daß die Leute wohl mit neugierigem Staunen auf uns, aber immer wieder auch zurück nach ihrem Dampfer schauten. Was er an ihnen lieben Erinnerungen und Dingen trug, sollte ja in wenigen Sekunden mit in die kühlen Fluten sinken. —

Schweigend und betreten entstieg der englische Kapitän dem an der Bordwand angekommenen Boote und reichte mir grüßend seine Schiffspapiere, die ich, gleichfalls grüßend, in Empfang nahm.

Als nun seine beiden Schiffsboote an der Bordwand unseres Bootes lagen, ließ ich es mir nicht nehmen, ihn nochmals vor den Ohren seiner Leute auf das Gefährliche seines Fluchtversuches hinzuweisen und besonders zu betonen, wie leichtsinnig er mit dem Leben seiner Besatzung gespielt hätte.

Auch alle seine Leute wußten sehr wohl, mit welcher Not und Mühe sie dem Tode entgangen waren, und dankten uns durch ehrerbietiges Grüßen mit ihren Mützen. Der Kapitän entschuldigte sich verlegen, er habe immer noch gehofft, entkommen zu können.

Ich bedeutete den Geretteten dann, daß wir sie zu dem benachbarten Maas=Feuerschiffe schleppen wollten. Freudig machten sie die Schleppleinen ihrer Boote klar, in der frohen Erwartung, bald wieder gut und trocken aufgehoben zu sein.

In diesem Augenblicke übersah der prächtig aussehende alte Kapitän wohl erst ganz, welche Gefahr er für seine Leute unnützerweise heraufbeschworen hatte, und was er uns zu verdanken habe. Dankbar ergriff er, mit Tränen in den Augen, meine Hand und stammelte Dankesworte dafür, daß wir ihn und alle Leute mit dem Leben hätten davonkommen lassen. Gerne erfaßte ich die mir dargereichte Rechte des alten Kapitäns. —

Kaum hatten wir die englischen Boote ins Schlepptau genommen, als mit hoher Fahrt ein holländischer Lotsendampfer auf uns zugedampft kam, den der Kanonendonner angelockt zu haben schien. Schnell hatten wir uns mit ihm darüber verständigt, daß er die gerettete Besatzung des Engländers übernehmen sollte. Dann fuhren wir zu dem sinkenden Schiffe zurück, um sein völliges Verschwinden von der Oberfläche des Meeres abzuwarten.

Doch auch die Engländer schienen nicht übel Lust zu verspüren, dem schönen Schauspiele des Sinkens ihres Dampfers beizuwohnen.

Kaum waren sie von dem holländischen Lotsendampfer übernommen, als, allem Anscheine nach auf ihr Bitten, auch dieser wieder in schneller Fahrt zu dem sinkenden Schiffe heranfuhr.

So warteten wir nun beide in aller Ruhe ab, bis der große Moment kommen sollte.

Nicht lange ließ er warten. Gar bald bohrte sich das Hinterteil des Dampfers immer tiefer und tiefer in die Fluten hinein, höher und immer höher dagegen ragte der scharfe Bug des Schiffes in die Luft, bis auch er von den stark gurgelnden und pfeifend in die hinteren Räume des Schiffes einströmenden Wassermassen mit hinuntergezogen wurde und die Fluten brausend und brodelnd über ihm wieder zusammenschlugen.

Wiederum schwamm ein schönes Schiff der englischen Handelsmarine weniger auf den Fluten des Weltmeeres.

Dann hatten wir alle genug gesehen, und ein jeder fuhr seine Wege weiter. Der holländische Lotsendampfer fuhr zum nächsten Hafen zurück, um die Schiffbrüchigen zu landen, während wir unseren Kurs weiter westwärts richteten zu neuer Tat. Munter wurde uns von dem Deck des Dampfers zum Abschied zugewinkt — ich glaube, es waren unsere englischen Freunde, die uns frohen Herzens über ihre persönliche Rettung so freundlich Lebewohl sagen wollten. Ob sie uns wohl auch im Herzen „ein Wieder= sehen" gewünscht haben, vermag ich nicht anzu= geben. Ausgeschlossen ist es jedoch nicht, daß wir einen oder den anderen der geretteten Eng=

länder späterhin bei der Versenkung eines anderen englischen Dampfers wieder getroffen haben.

Eine genaue Beschreibung der Art der Versenkung des englischen Dampfers „Leeuwarden" fanden wir einige Tage später in holländischen Blättern.

Besonders wurde hierbei die lobende Anerkennung des englischen Kapitäns über die gute Behandlung durch uns hervorgehoben. Er wußte sehr wohl, daß er es eigentlich schlechter verdient hatte.

Und diese gleich gute Behandlung hätte ein jeder englische Dampferkapitän haben können, doch die englische Regierung hatte es anders gewollt.

Der nächste Tag sollte uns Gelegenheit zur Betätigung auf einem für den U=Boots= Handelskrieg neuartigen Gebiete bringen.

Es war ein grauschwerer nebeliger Morgen. Bei fast völliger Windstille lagerte auf der glatten Flut in langen dicken Schwaden der Morgen= nebel, der noch immer und immer nicht der auf= steigenden Morgensonne wich.

Nicht groß war die Sichtweite. Dann heißt es für ein U=Boot, immer besonders gut Aus= guck halten und auf der Hut zu sein; denn wenn die Nebelwolken uns auch den nach uns aus= spähenden feindlichen Schiffen bis zu einem ge= wissen Grade entziehen, so geben sie uns auch andererseits erst auf nahe Entfernungen die Mög= lichkeit, sich uns nähernde Fahrzeuge zu erkennen. Wehe dem U=Boote, das dann nicht so scharf als irgend möglich aufgepaßt hat, um bei dem ge= ringsten Anzeichen der Annäherung eines feind= lichen Schiffes in die Tiefe hinabgleiten zu können. Nur dann hat es Aussicht, sich gefahrdrohenden Zusammenstößen zu entziehen. Nur dann kann es überhaupt seine Angriffsaufgabe erfüllen.

Bekanntlich herrscht bei nebeligem Wetter auf See fast stets Windstille oder es wehen höch=

stens nur gelinde Winde, die den Nebel mit=
gebracht haben, oder die sich anschicken, den uns
umhüllenden Nebelschleier wieder zu entführen,
um eine andere Gegend damit zu beglücken.

Diese bei Nebel also meistens vorhandene
Windstille kommt uns Seefahrern nun auch
wiederum zustatten, da wir alle auf dem Wasser
herrschenden Geräusche so verhältnismäßig weit
zu vernehmen imstande sind.

Es sind daher auch international bestimmte Ton=
signale verabredet, die alle Schiffe — Dampfer
und Segelschiffe — bei nebeligem, unsichtigem
Wetter in bestimmten, kurz aufeinander folgen=
den Zeitabschnitten abzugeben verpflichtet sind.

Die Dampfschiffe geben diese Signale mit
ihrer Dampfpfeife, während Segelfahrzeuge be=
sondere Nebelhörner gebrauchen, die durch Dreh=
bewegungen Luft aus einer Art Pfeife mit
weitem Schalltrichter herausstoßen.

Nur nach diesen Tönen kann der Seemann
also bei Nebel auf die Richtung des sich nähern=
den Schiffes schließen und muß seinen Kurs
nach der Lautstärke des Tones und der Richtung,
aus der er kommt, so wählen, daß ein Zu=
sammenstoß seines Schiffes mit dem benach=
barten Schiffe vermieden wird.

Daß dieses nicht ganz einfach ist, ist wohl ohne
weiteres einzusehen, und die leider immer noch

recht häufigen Zusammenstöße von Schiffen auf
See bei Nebel legen ja auch zur Genüge Zeugnis
davon ab, daß trotz aller Vorsicht und trotz ge-
spanntester Aufmerksamkeit nicht immer solch ein
Zusammenstoß sich ganz sicher vermeiden läßt.

Wer einmal auf einem Passagierdampfer
eine Reise gemacht hat, die längere Zeit durch
Nebelgegenden führte, wird wohl noch lange
an das fortgesetzte grausig unheimliche Heulen
der Dampfpfeifen seines Dampfers zurück-
denken, denn es hat ihm sicherlich so manche
Stunde seines Schlafes geraubt. Auch jeder,
der bei Nebel an einem größeren Hafen, wie
z. B. dem Hamburger Hafen, geweilt hat, wird
das Bild nicht vergessen, wie der gewaltige Verkehr der größten Schiffe, bis hinab zu den kleinen
winzigen, zwischen den gewaltigen Ozeanriesen
sich hindurchwindenden Motorbooten und den
langen Schleppzügen, sich so glatt und selbstverständlich abspielt, obwohl alle doch nur nach
dem Höllenlärm der von allen Seiten ertönen-
den Pfeifensignale sich zu richten vermögen.
Da sieht ein jeder ein, daß ein Seemann außer
guten Augen auch vortreffliche Ohren gebraucht.

Im Kriege kommt nun noch hinzu, daß man
nicht darauf rechnen kann, daß sich nähernde
Kriegsschiffe diese Pfeifensignale überhaupt ab-
geben, da sie uns überraschen und sich selbst

nicht verraten wollen. So heißt es dann, nur doppelt angespannt über die Wasserfläche dahin zu horchen, um etwa Schraubengeräusche oder das Aufspritzen der Bugwellen schnell das Wasser durchfurchender Schiffe vernehmen zu können. In den unteren Schiffsräumen hat man dann wohl auch Posten — Horchposten — aufgestellt, die mit den Ohren an der Bordwand des Schiffes auf derartige Geräusche aufpassen sollen, da das Wasser ja die Eigenschaft besitzt, alle in ihm auftretenden Schallwellen besonders gut weiterzuleiten.

So harrten wir an dem fraglichen Märzmorgen lange vergeblich auf das Insichtkommen oder auf die Annäherung feindlicher Schiffe. Immer wieder und wieder hatte man sich getäuscht in dem vermeintlichen Sichten eines Fahrzeugs oder in dem aufgefangenen Tone eines Unterwasserschalles. Die in solchen Augenblicken angestrengtester Nerventätigkeit begreiflicherweise besonders schnell und stark arbeitende Phantasie verführt uns nun nur allzu leicht dazu, jeden gesichteten Gegenstand gleich als das anzusehen, was wir vielleicht suchen, nach dem wir gerade schon lange ausgespäht haben. Es kommt außerdem hinzu, daß im Nebel plötzlich auftretende Gegenstände noch ganz besonders vergrößert erscheinen. So ist es z. B. leicht möglich, daß ein vorbeitreibendes Brett im ersten Augenblick als Boot gemeldet wird, oder daß ein kleines vorbeifahrendes Dampfbeiboot uns als größerer Dampfer erscheint.

Eine sehr nette Geschichte wurde kürzlich viel in der Flotte erzählt: Ein Kriegsschiff suchte in dickem Nebel die Boje, die ihm die Einfahrt in den Hafen anzeigen sollte. Schon lange hatte es nach ihr gesucht, fand und fand sie aber nicht. Das gesamte Personal auf der Brücke vom Kommandanten bis zum letzten Signalgasten und Ausguckposten vermochten sie immer noch nicht zu entdecken. Die vielfach gemeldeten vermeintlichen Bojen erwiesen sich beim Näherkommen immer wieder als vorbeitreibende Ballen von Wischbaumwolle, Holzstücke oder leere Konservendosen. Schließlich hatte der Kommandant die Boje entdeckt und ließ das Schiff in ihre Nähe steuern. „Na sehen Sie," — sagte der alte Herr hierbei zu dem noch immer mit dem Doppelglase vor den Augen zu der Boje hinstarrenden Wachhabenden Offizier — „Sie sehen auch nie etwas zuerst! Ihr ganzes Personal auch nicht! Immer muß ich alles zuerst sehen."

Ruhig meldete darauf der Wachoffizier: „Ich glaube aber, Herr Kapitän, das ist die Boje gar nicht — das ist — das ist ja eine Möwe." „Ach Unsinn," entgegnete der strenge alte Herr darauf, — „ich habe die Boje ja ganz deutlich gesehen."

Näher und näher kam das Schiff nun heran an des Kommandanten Boje, und das aufgewühlte Bugwasser rauschte vernehmlich über die glatte Flut hinweg, da plötzlich schien es der Boje in des Schiffes Nähe unbehaglich zu werden und — sie flog davon.

In richtiger Erfassung der komischen Situation meldete nun der Wachhabende Offizier nur kurz seinem Kommandanten mit der Hand an der Mütze: „Herr Kapitän, die Boje ist soeben fortgeflogen!"

So konnte das Suchen nach der Boje wieder von vorne beginnen, und vielleicht hat noch manche weitere Möwe das Schicksal ihrer soeben davongeflogenen Kollegin teilen müssen.

In ähnlicher Erwartung suchten wir an dem fraglichen Morgen, nur mit dem wenig ange= nehmen Unterschiede, daß nicht nur Bretter und Möwen, sondern auch viele losgerissene englische Minen an uns vorbeitrieben, nach dem Insicht= kommen feindlicher Schiffe. Diesen Minen hieß es aber stets lieber etwas zu früh aus dem Wege zu gehen, denn ich glaube, sie wären nicht ganz so ohne weiteres bei unserer Annäherung davongeflogen.

Endlich zerteilte sich der Nebel etwas, und im Ab= stande von einigen Seemeilen wurde ein Dampfschiff sichtbar, auf das sofort zugesteuert werden konnte.

Schnell lief es vor uns her, doch gar bald er= kannten wir, daß wir ihm näher kamen, und nicht lange sollte es dann noch dauern, bis wir in ihm ein Schiff der uns wohl bekannten holländischen Batavier-Linie erkennen konnten.

Doch sein Kurs führte zur englischen Küste, zur Ansteuerung des vor der Themse liegenden Feuerschiffes, wie unschwer festzustellen war, sobald wir ihm in seinem Kielwasser folgten. Es war also klar, daß der Dampfer angehalten und untersucht werden mußte. Es ließ sich mit ziemlicher Sicherheit annehmen, daß er mit verbotener Ladung zu einem englischen Hafen strebte.

Die Jagd begann. Auf unser Aufforderungssignal zum Beidrehen schien er keinen Wert zu legen, sondern versuchte, mit höchster Fahrt zu entkommen. Es handelte sich um einen Dampfer, der fraglos außer Gütern auch eine Anzahl von Passagieren beförderte, aber ein schlechtes Gewissen mußte er haben, sonst hätte er sich wohl gleich so wie seine Landsleute tags zuvor, unter denen zufälligerweise ein Schwesterschiff derselben Linie sich befunden hatte, ruhig untersuchen lassen.

Bald sahen wir ein, daß wir ihn in kurzer Zeit überholt haben würden, die Warnungsschüsse mit der Kanone konnten wir uns daher ersparen für spätere nützlichere Zwecke; denn mit Munition müssen wir gut haushalten. Wenn es ohne Munitionsverbrauch geht, um so besser.

Nach ungefähr dreiviertelstündiger Jagd betrug unser Abstand ungefähr nur noch tausend

118

Meter. Da sah der Kapitän des holländischen Dampfers die Nutzlosigkeit weiteren Entrinnens vernünftigerweise ein und stellte sich zur Untersuchung. Gleichzeitig ließ er ein Boot mit seinem Ersten Offizier zu Wasser, der auf mein Geheiß mit den Schiffspapieren zu uns an Bord kam.

Gestoppt und ruhig daliegend schaukelte unser Boot unterdessen in allernächster Nähe des Holländers, auf dessen Verdeck es inzwischen rasch lebendig geworden war.

Besatzung und Passagiere schauten mit verwunderten, fragenden Blicken zu uns herüber, die wir unsererseits es auch nicht daran fehlen ließen, sie zu mustern, um nach Möglichkeit die Landesangehörigkeit der an Bord befindlichen Menschen festzustellen.

Währenddessen legte das Boot des Dampfers bei uns an. Der Erste Offizier brachte mir die Papiere, aus denen sofort ersichtlich war, daß es sich um den holländischen Dampfer „Batavier IV", nach London bestimmt, handelte. Die Ladung umfaßte in der Hauptsache Lebensmittel, also Bannware.

Die Entscheidung, was mit dem Dampfer zu geschehen hätte, mußte daher schnell getroffen werden. Der Dampfer unterlag der Aufbringung. Es mußte versucht werden, ihn nach einem der von uns besetzten belgischen Häfen einzubringen.

Es war zwar derartiges von einem U=Boote bisher noch nicht gemacht worden, doch weshalb sollten wir es nicht versuchen. Gewiß galt es eine weite Strecke über See zurückzulegen, in einer Gegend, wo jederzeit englische Kriegsfahrzeuge auftreten konnten und in der sie auch fortgesetzt ihre Streifzüge ausführten, doch vielleicht ging es gut und dann war es ein schöner Fang. „Wer nicht wagt, der nicht gewinnt!" sagten wir uns, und dann kam uns ja auch das noch immer unsichtige Wetter zustatten. Wir konnten hoffen, von feindlichen Streitkräften nicht allzu weit gesehen zu werden, und in einigen Stunden würden wir uns dann unter dem Schutze unserer Batterien an der flandrischen Küste befinden.

Kurz entschlossen wurde dem Offizier des Schiffes daher bedeutet, daß sogleich ein Prisen= kommando zu ihm an Bord gesandt werden würde, das den Dampfer nach dem Hafen Zee= brügge als deutsche Prise einbringen sollte.

Recht erstaunte Augen machte er, doch sparte er sich eine Entgegnung, denn die geladenen, auf den Dampfer gerichteten Geschütze und das sich klarmachende Prisenkommando, das die ge= ladenen Revolver nochmals vor seinen Augen untersuchte, ließen es ihm nicht ratsam er= scheinen, irgend eine Widerrede zu versuchen.

Bald stieß daher das Boot wieder von uns ab, um von nicht wenig erstaunten Blicken gleich darauf an Bord des Dampfers empfangen

120

zu werden. Manch einer mochte ahnen, was er von der nächsten Zukunft zu erwarten haben würde.

Unser ganzes Prisenkommando bestand nur aus einem Seeoffizier und einem Matrosen. Mehr von meinen Leuten konnte ich schlecht entbehren, und falls die Engländer uns unterwegs mit überlegenen Streitkräften den Dampfer wieder „abhaken" würden, so waren wenigstens nicht allzu viele Leute von uns mit aufgegriffen worden.

Eine Zeitlang dauerte es nun, bis unser Prisenoffizier sich mit dem Dampferkapitän über alles weitere geeinigt hatte. Außer allen anderen Einwänden schien diesem vor allem der Befehl zum Einlaufen nach dem Hafen von Zeebrügge für sein Schiff bedenklich, da er das Vorhandensein von deutschen Minen vor der Einfahrt dieses Hafens vermutete. Hierüber konnte ihn jedoch der Prisenoffizier, der genaue Anweisungen von mir erhalten hatte, gar bald beruhigen. Außerdem wollte ich mit dem U-Boote die Führung übernehmen, so daß für sein Schiff keinerlei Gefahr bestände.

So fügte er sich in das Unvermeidliche, und der Zug setzte sich in Bewegung zur flandrischen Küste, voran wir mit unserem U-Boote, in dem stolzen Gefühl, mal wieder etwas Neues gemacht zu haben. Hinterher kam, weniger erfreut, der Holländer mit seinen sicherlich auch in wenig gehobener Stimmung befindlichen Passagieren und seiner wertvollen Ladung.

Unvergeßlich wird uns allen dieses Zusammentreffen sein. Ebenso unvergeßlich werden uns auch die Bilder eingeprägt bleiben, die sich, als wir neben dem Dampfer lagen, auf dessen Deck abspielten.

Staunend und verängstigt schauten uns die Passagiere an, freudig blickten wir auf unsere Beute.

Der größte Teil der Passagiere, besonders die recht zahlreich vertretene Damenwelt, war nur recht notdürftig bekleidet an Deck gestürzt, als das böse deutsche U=Boot im Schiffe gemeldet worden war. Sie bangten vielleicht zum Teil schon für ihr Leben. Daß es nun bei diesem Nebeneinanderliegen und bei der Musterung der holden, höchstens in Morgentoiletten auf dem Verdeck des Dampfers frierenden Damenwelt nicht an drastischen Bemerkungen unserer Matrosen fehlte, brauche ich wohl nicht erst zu erwähnen.

Manches Winkersignal wurde zwischen uns und dem Prisenkommando gewechselt, da der sehr vorsichtige holländische Kapitän noch immer neue Bedenken geltend zu machen versuchte, die ich erst durch meine Antworten zerstreuen mußte. Schließlich ging's flotter vorwärts und ruhig folgte uns der Prisendampfer mit schneller Fahrt im Kielwasser.

Dieses friedliche Bild wurde nur öfters durch Winkersignale unseres Prisenoffiziers gestört. Er ließ diese Signale durch den mitgenommenen Matrosen des öfteren an uns machen, entweder zu meiner Beruhigung über sein Schicksal oder vielleicht auch zur Unterhaltung der Passagiere, die alle Vorgänge gespannt verfolgten und sich, wie wir neidisch mit den Doppelgläsern erkennen konnten, allmählich mit ihm ganz gut anzufreunden schienen. Sein erstes Signal, das gespannt bei uns abgenommen wurde und in dem wir schon alles mögliche ihm etwa zugestoßene Böse vermuteten, lautete zum Glück ganz kurz und friedlich: „Hier sind eine Menge Damen an Bord!" Ja, das hatten wir längst gesehen und beneideten ihn nicht wenig, weil er mit den nach dem Urteil eines meiner anderen Offiziere wirklich ganz netten Vertreterinnen des schönen Geschlechts eine Seereise in Kriegszeiten ausführen durfte.

Die letzten Zweifel über das Wohlergehen unseres Prisenkommandos wurden uns bald darauf aber durch den verlockenden Winkspruch genommen: „Jetzt gibt es dickes Frühstück!"

So konnten wir also beruhigt den weiteren Verlauf der Fahrt abwarten, zumal uns das Signal: „Der Kapitän spricht übrigens tadellos Deutsch!" auch darüber beruhigte, daß wohl keinerlei Schwierigkeiten sprachlicher Natur zu befürchten waren.

Nach einer guten Stunde Weges, als sich auch ein jeder auf dem Prisendampfer befindliche Passagier wohl allmählich in sein Schicksal gefügt hatte, tauchten plötzlich achteraus von uns, von Osten kommend, wiederum Rauchwolken auf. Bald konnten wir aus dem Auswandern dieser Rauchwolken erkennen, daß wir einen mit Kurs auf die englische Küste zulaufenden Dampfer in Sicht hätten.

Zu verlockend war natürlich der Gedanke, vielleicht gar noch einen zweiten Dampfer als Prise einbringen zu können.

Immerhin war es nicht ganz unbedenklich, den ersten Dampfer für Stunden alleine mit dem schwachen Prisenkommando zurückzulassen, denn wieder würde die Jagd lange dauern können, und dann war es auch fraglich, ob es noch möglich wäre, auch nur den ersten Dampfer vor Einbruch der Dunkelheit in den schützenden Hafen hineinbringen zu können. Wie leicht konnte er in der Dunkelheit, bevor wir ihn wieder eingeholt hatten, nach einem benachbarten holländischen Hafen entschlüpfen. Auch konnte er sich etwa unter den Schutz holländischer Kriegsschiffe oder Bewachungsfahrzeuge stellen, und dann wäre wiederum eine neue schwierige Lage entstanden. „Besser den Sperling in der Hand als die Taube auf dem Dache!“ dachte auch ich daher zunächst, bis ich auf Grund eigenen Beschauens des neuerdings gesichteten Dampfers, wie auch ermuntert durch die Beteuerungen meiner um mich stehenden Offiziere: „Es ist doch aber so ein schöner Dampfer!“ mich kurz entschloß, den Versuch zu wagen. Schnell erhielt der erste Dampfer Befehl, mit mäßiger Fahrt auf dem alten Kurse weiterzufahren. Wir wollten wieder nachkommen, nachdem wir den anderen Dampfer untersucht hätten.

So verließen wir in eilender Fahrt unseren ersten Prisendampfer und fuhren der Nummer Zwei entgegen, um ihr den Weg nach der englischen Küste zu verlegen.

Schon bald — nach nur halbstündiger Jagd — konnten wir unseren Signalbefehl zum Beidrehen dem Dampfer übermitteln, der gleichfalls die holländische Flagge gesetzt hatte und auch an der Bordwand die holländischen Farben zeigte.

Er sah das Nutzlose eines Fluchtversuchs sofort ein und sandte auf unseren weiteren Signalbefehl unverzüglich ein Boot, in dem der Kapitän selbst mit seinen Schiffspapieren kam. Nicht sonderlich erfreut über unsere Begegnung schien auch er zu sein. Er war persönlich zu uns herübergekommen, weil er wohl hoffte, noch selbst am besten sich einer Aufbringung entziehen zu können.

Hierin mußte er allerdings gleich eine traurige Enttäuschung erleben, da ich ihn sofort nach Einsicht in seine Ladepapiere — Eierladung nach London bestimmt — auffordern mußte, mir auch nach einem Hafen Flanderns zu folgen.

Das schon bereitgehaltene Prisenkommando, wiederum ein Seeoffizier und diesmal ein

Heizer, da ich keinen Matrosen weiter entbehren konnte, bestieg sein Boot. In sein Schicksal ergeben, nahm auch der Kapitän wieder darin Platz, um seinem Dampfer zuzusteuern. Einige auch von ihm vorgebrachte Befürchtungen über Minengefahr wußte ich schnell zu zerstreuen. Wohlweislich behielt ich die Papiere des Dampfers an Bord zurück, da ich so einige Gewähr dafür hatte, daß er treu bei mir bleiben würde. Es war der holländische Dampfer „Zaanstroom".

Gleich begann die Fahrt zurück zu unserem vor eineinhalb Stunden verlassenen ersten Dampfer, den wir auch bald darauf wieder auf dem alten Kurs einholten.

Ob wohl an Bord des ersten Dampfers Freude darüber geherrscht hat, einen Landsmann als Mitleidtragenden begrüßen zu können? Ich weiß es nicht. Wohl aber weiß ich, daß nunmehr beide, immer noch wegen der eingebildeten Minengefahr, nicht vorn fahren wollten. Jeder sagte: „Laß den anderen nur vorne fahren, dann kommt der zuerst auf die Minen!" Und diesen Wunsch versuchte jeder dadurch zur Ausführung zu bringen, daß er durch Schlagen eines Kreises sich fortgesetzt hinter den anderen zu setzen vermochte.

Wer beurteilen kann, was es an und für sich heißt, zwei Handelsdampfer dicht hintereinander fahren zu lassen, bei wesentlich verschie-

126

denen Geschwindigkeiten, wird die Schwierigkeiten verstehen, die es mir bereitete, in dieses
Geschwader Ordnung hineinzubringen, zumal
gerade der am schnellsten fahrende Dampfer
die meiste Lust verspürte, hinten zu bleiben.

Uns blieb zunächst nichts anderes übrig, als
durch energische Signalbefehle unseren Willen
durchzusetzen zu versuchen. Wie ein Schäfer-
hund seine Herde umkreist, mußten wir unter
fortwährendem Herumfahren um beide Dampfer
den einen zum Weiterfahren mit höchster Fahrt
anspornen und den schnelleren zum Mäßigen
der Geschwindigkeit anhalten. Verschiedentlich
drohte uns nämlich einer der beiden Dampfer,
bei dem immer noch wenig sichtigen Wetter aus
Sicht zu kommen, und dann war bei noch ein-
tretenden weiteren Verzögerungen auch zu befürchten, daß das Erreichen des Hafens noch
bei Helligkeit gänzlich in Frage gestellt wurde.

Schließlich aber hatten unsere Befehle gewirkt und ihre Befolgung haben wir wohl nicht
zum geringsten Teile unseren drohenden Kanonen
zu verdanken. Es ist ja auch nicht allzuschwer,
Befehle durchzusetzen, wenn nicht etwa nur der
Rohrstock des Lehrers, sondern eine richtige ge-
ladene Kanone diesen Befehl nachdrücklich zu
unterstützen bereit ist.

So kam endlich Ruhe und Ordnung in unser

Geschwader und in stolzem Zuge ging es in rascher Fahrt dahin.

Vollends konnten wir beruhigt sein, als unser zweiter Prisenoffizier uns durch Signal versicherte, daß auch sein Prisenkommando gut aufgehoben sei und daß sie gerade bei schmackhaften Spiegeleiern säßen.

So brauchten wir nur noch einige Stunden warten, bis wir uns sicher und geborgen in dem Bereiche der schützenden Strandbatterien würden fühlen können.

Durch Funkentelegraphie wurde außer dem vorher für den ersten Prisendampfer uns entgegenzusendenden Lotsen ein zweiter Lotse für den neuen Dampfer von dem Lotsendepot bestellt, und das Verstehen unseres Signales gab uns die Versicherung, daß wir gut empfangen werden würden und alles zu unserer Aufnahme und der Übernahme der eingebrachten Prisenschiffe vorbereitet sei.

Je mehr wir uns nun der Küste näherten, desto dichter lagerte noch der Nebel auf dem Wasser, eine Erscheinung, die wir sehr häufig auf See erleben.

Vorsichtig also mußten wir uns der Küste nähern. Wir selbst fuhren mit dem U-Boote voran, um die beiden Dampfer zu führen und ihnen jede weitere Furcht vor einer Minengefahr zu benehmen.

Oft mußten wir hierbei die Wassertiefe mit dem Lot nachmessen. Naturgemäß kann man

128

nur bei ganz geringer Fahrt des Schiffes genaue Messungen der Tiefen erhalten, da bei hoher Fahrt das ganze Lot durch den Fahrstrom mit nach hinten gerissen wird, wodurch zuviel Leine ablaufen würde, bis das Gewicht des Lotes auf den Grund aufstößt. Es war daher erforderlich, verschiedentlich zu stoppen, um fortgesetzt über das Wechseln der Wassertiefe auf dem laufenden zu bleiben. Leicht ist es möglich, sich gerade auf den weit nach See zu hinaus laufenden, der flandrischen Küste vorgelagerten Sandbänken mit seinem Schiffe auf den Grund zu setzen. Besonders peinlich wäre dies nun natürlich in unserem Falle geworden. Dieses Stoppen meines Bootes brachte nun jedesmal das Geschwader wieder neuerdings in Unordnung, da die Dampfer nicht so schnell wie das U=Boot ihren Maschinengang ändern konnten. Handelsschiffe sind dies auch meist gar nicht gewöhnt, da sie stets mit ihrer gleichen Geschwindigkeit durchfahren, während den Kriegsschiffen das stete Wechseln der Gangarten der Maschinen durch das Fahren in Geschwadern und das Manövrieren zur Gewohnheit geworden ist.

Zum Glück ging aber alles klar, und nach schöner mehrstündiger Fahrt konnten wir mit Freude die ersten deutschen Wachtschiffe vor dem Hafen von Zeebrügge begrüßen. Die Molen und Leuchtturm winkten uns durch den nur noch leichten Schleier des Nachmittagsnebels von ferne schon entgegen.

Schnell wurden die beiden Dampfer dem uns entgegengesandten neuen Wachkommando der Hafenbehörden übergeben, deren Obhut und weiterer Bewachung sie nunmehr anvertraut sein sollten. Unser Werk für heute war erledigt und froh konnten wir nach getaner Arbeit selbst in den Hafen eilen.

Da lag sie vor uns, die gewaltige, mehrere Kilometer lange steinerne Mole des künstlichen Hafens von Zeebrügge, dereinst aufgebaut unter der Regierung Leopolds II. mit englischem Gelde. Viele, viele Millionen hatte sie verschlungen. Anderen Zwecken hatte sie nach den Plänen ihrer Erbauer dienen sollen als ihren jetzigen.

Trutzig sahen wir die Schlünde deutscher Geschütze und Maschinengewehre herüberlugen über den obersten Rand der Mole nach See zu! Weit geöffnet schienen ihre Mäuler dem von hoher See aus erwarteten Gegner entgegen zu gähnen. Sie schienen kaum abwarten zu können, daß er auch ihnen Gelegenheit gäbe, ihr Wort mitzusprechen, wie ihren großen und kleinen Brüdern, weiter landeinwärts, in den vorderen Reihen der Westfront, deren dumpfe Stimme von weit her mit grimmig grollendem Donnern zu vernehmen war.

Auf der Mole weiter noch ein ganz anderes Bild! Nicht wimmelte es hier von englischen Truppen,

die Eduard VII. und seine Helfershelfer so gerne
hier aus den dicken Bäuchen der englischen Transportschiffe zum Durchmarsche durch das neutrale
Belgien ausgeladen hätten, um unserem deutschen
Vaterlande einen unerbetenen Besuch abzustatten.

Nein! Kopf an Kopf standen hier unsere
braven Feldgrauen der Armee und Marine
dicht beieinander. Alle Waffengattungen und
Uniformen der deutschen Besatzungstruppen
waren vertreten. Alle, deren Zeit es erlaubte,
waren herbeigeeilt, um von der äußersten Molenspitze unserem Einlaufen, das sich schnell herumgesprochen hatte, beizuwohnen. Ein jeder wollte
uns und das ungewohnte Schauspiel des Ein-
bringens zweier Prisenschiffe gerne selber mit-
ansehen. Sie ahnten zwar noch nicht, daß sie
selbst bald von den leckeren, in den weiten Laderäumen der Dampfer verstauten Sachen würden
kosten dürfen, und sie ahnten alle noch nicht,
daß ihnen gerade von den Ladungen dieser
Dampfer eine besondere Osterfreude bereitet
werden sollte. Sie wollten nur uns eben aus
der deutschen Heimat gekommene Kameraden
begrüßen und willkommen heißen auf dem von
ihnen eroberten feindlichen Grund und Boden.

Laut und weithin über das Meer rollend
scholl uns beim Runden des Molenkopfes ein
donnernd dreifaches Hurra aus tausend Kehlen

entgegen. Ebenso aufrichtig und freudig ergriffen und nur bescheidener in der Stärke des Tones tönte aus unseren nur dreißig Kehlen der Dank zurück in unserem dreimaligen Hurra auf die Garnison von Zeebrügge. So waren wir in einem neu eroberten deutschen Hafen eingelaufen und sollten hier für einige Tage der Ruhe genießen und uns erholen von mehrtägiger Seefahrt, die aber durch die mannigfachen Ereignisse nur ganz kurz schien.

Schnell wurden an Land von behenden Matrosenarmen die ausgeworfenen Leinen aufgefangen, an denen unser Boot bald darauf gut und ruhig, wieder mit dem Lande vertäut, in sicherem Hafen lag.

Kaum war das Boot festgemacht, da kamen die ersten guten Bekannten und Freunde des Marinekorps, die wir seit Kriegsbeginn nicht mehr gesehen hatten, zu uns an Bord. Gar viel gab es da nach den herzlichen Willkommengrüßen und Glückwünschen zu erzählen. Gar manche frohe, aber leider auch manche traurige Erinnerung an liebe gefallene Kameraden galt es auszutauschen.

In Flandern

Unter der obigen Überschrift will ich lediglich unsere persönlichen Eindrücke während unseres kurzen ersten Verweilens in Feindesland schildern.

Das in dem Erleben für uns Bedeutsame war die Tatsache, daß wir zum ersten Male einen mit deutschem Blute erkauften feindlichen Boden betraten. Fremd ist uns seefahrenden Angehörigen der Marine der Landkrieg, soweit das eigentliche Leben in Feindesland in Frage kommt. Die braven Truppen des in Flandern stehenden Marinekorps hatten allerdings schon manches Wort auch zu Lande mitsprechen dürfen und schienen sich längst in die neuen Verhältnisse und Lebensbedingungen eingelebt zu haben. Überall sahen wir sie ihren Dienst verrichten, sei es als Infanterist in den Schützengräben oder als Artillerist an den weittragenden Küstengeschützen, also bei Beschäftigungen, die sie mehr oder weniger schon im Frieden geübt hatten. Doch auch die Marine zu Pferde fehlte nicht, und ruhig und selbstverständlich ritten blaue — jetzt freilich graue — Jungens auf dem Rücken ihrer schweren belgischen Beutepferde neben den altgedienten Reitersoldaten der Armee.

Daneben betätigten sie sich auch als fleißige

Schaffner auf der elektrischen Kleinbahn, die zwischen Zeebrügge und Ostende, vorbei an dem Badeorte Blankenberghe, auf der schönen breiten Fahrstraße unmittelbar hinter den Dünen entlang führt. Kurzum eine jede Tätigkeit war von unseren Feldgrauen übernommen worden. Nur selten ließen sich größere Teile der angesessenen Bevölkerung sehen.

Wenn wir Seeleute nun auch in Friedenszeiten gar manches Mal auf fremdem Boden und in den fernsten Erdteilen wandelten, wenn wir auch viele fremde Länder und Leute kennen lernten und unser eigenes Bild über Vor- und Nachteile der Lebensweise fremder Nationen, ihrer Landeseinrichtungen und Gebräuche hatten, so traten doch immer wieder in neuen Ländern neue Eindrücke an uns heran, um manches vorher Gesehene zu verwischen. Stets wieder gab es mehr oder weniger Interessantes von anderer Art zu sehen und aufzunehmen. Unwillkürlich wurden Vergleiche angestellt mit den ähnlichen Verhältnissen oder Einrichtungen bei uns daheim oder in früher besuchten Ländern. Gelegentlich fand flüchtige Betrachtung draußen manche Einrichtung vielleicht netter, praktischer oder angenehmer als eine mit ihr verglichene in der Heimat. Doch meist entbehrten wir Deutschen im Auslande gar manches, das sich nicht beschreiben läßt, das gründliche deutsche

134

Wesen im großen und im kleinen, und dies führte uns dann doch immer wieder vor Augen, daß es bei uns längst nicht am schlechtesten bestellt sei. Stets wieder meldete sich in unserem Innern die Sehnsucht nach der Heimat und der Stolz auf sie.

Wie würde es uns jetzt zur Kriegszeit in dem von uns besetzten Belgien ergehen, einer Art zweiter Heimat in fremdem Lande, wo unsere deutschen Truppen nach allen Nachrichten unserer Feinde wie die Barbaren und Hunnen gehaust haben sollten? Wie würde die schöne flandrische Küste, die uns von früheren Aufenthalten so wohlbekannt und lieb geworden war, jetzt wohl aussehen?

Kurz vor den üblichen Meldungen an Land konnte ich noch dem Festmachen unserer beiden Prisendampfer zuschauen, die hinter dem uns zugewiesenen Liegeplatze auf der großen Seemole von dem Wachkommando vertäut wurden. Eine gleich vor dem Dampfer aufziehende Postenkette sperrte sie dann natürlich von jeglichem unbefugten Verkehr ab.

Kurze Zeit nach dem Festmachen der Schiffe ließ sich der Kapitän des einen der beiden Dampffer, von zwei Posten begleitet, bei mir melden. Ich empfing ihn bei mir an Bord und freute mich, seine persönliche Bekanntschaft zu machen. Nachdem wir einige dienstliche Fragen erledigt hatten, sprachen wir bei einem Gläschen Port wein, das wir nach der aufregenden Seefahrt wohl verdient hatten, über die Erlebnisse des Tages. Verständlicherweise gab er natürlich seiner Betrübnis Ausdruck, was ich ihm nachfühlen konnte. Außer allen persönlichen Unannehmlichkeiten hatte er wohl auch eine pekuniäre Einbuße zu erwarten. „Ich bin nun so ein großer Dampfer und Sie kleines Biest müssen mich kapern!" waren seine Worte, über die er nicht hinwegzukommen schien. Doch gab er sich endlich zufrieden mit dem Grundsatze „Krieg ist Krieg". Schnell kamen wir dann in eine andere angeregte Unterhaltung, aus der ich gar manches mich sehr Interessierende über frühere Fahrten und seine Fahrten bei Kriegszeiten erfuhr. Ich konnte es ihm nicht verdenken, daß er für sein Schiff eine düstere Zukunft schaute, denn er war sich wohl bewußt, was mit Schiff und Ladung nach dem Prisenrechte geschehen würde.

Im übrigen fügte er sich in sehr anzuerkennender Weise in das Unvermeidliche und versuchte, so gut es ging, Trost zu finden. Ich glaube dabei nicht mit Unrecht aus seinen Worten eine gewisse Freude entnommen zu haben, darüber, daß er einen mitleidenden Landsmann in dem Kapitän des anderen Dampfers gefunden hatte. — „Geteiltes Leid ist halbes Leid" galt auch wohl für ihn, und so trennten wir uns dann mit

kräftigem Händedruck in aller Freundschaft.
Jeder war überzeugt, daß der andere auch nur
seine Pflicht und Schuldigkeit getan habe.

Kurze Zeit hinterher begab ich mich an Bord
unserer beiden Prisenschiffe, um mich persön=
lich zu überzeugen, was wir eigentlich alles
mitgebracht hätten.

Ich darf wohl als selbstverständlich voraus=
setzen, daß ich als höflicher Mann zunächst auf
den Dampfer stieg, auf dem die holde Weib=
lichkeit in so großer Zahl vertreten war. Ich
hoffte durch das Erscheinen im Kreise meiner
Offiziere ihnen eine vielleicht noch vorhandene
Angst vor den deutschen Barbaren am schnell=
sten nehmen zu können. Der Kapitän führte uns
persönlich durch seine Schiffsräume, wobei wir
auch die Passagiere des Dampfers zu sehen be=
kamen. Hierbei erfuhren wir, daß eine große
Zahl der Passagiere zu einer Varieté=Truppe
gehörte, die am nächsten Abend in London ihr
erstes Gastspiel geben wollte. Armes London!
so kamst du durch unsere Schuld um einige sehr
vergnügte Abende; denn allem Anscheine nach
waren die hier auf dem Dampfer im Rauch=
salon beisammensitzenden Künstler und Künst=
lerinnen sonst auf der Bühne weniger wort=
karg und verlegen. Besonders die vier nied=
lichen Sängerinnen hätten wohl sicherlich mit

ihren entzückenden Stimmen so manches Engländers Herz auch zu Kriegszeiten gerührt!

Unter den übrigen Passagieren befanden sich einige wehrfähige Belgier und Franzosen und auch eine belgische Familie, die nach ihren Aussagen bereits sechs Wochen auf eine Fahrgelegenheit zur Überfahrt nach England gewartet hatte. Nach all diesem Warten mußte selbst jetzt noch ihrem Vorhaben durch unser Dazwischenkommen ein jähes Ende bereitet werden.

Auch ein Amerikaner, ein Berichterstatter der Hearstschen Zeitungsgesellschaft, befand sich unter den Fahrgästen. Wie wir später erfuhren, hatte er die ganze Aufbringung und das Einschleppen der Dampfer mit einem kinematographischen Apparate aufgenommen, den er später verstanden hatte, sicher an Land mitzunehmen: Schon einige Tage danach erschien in der englischen illustrierten Zeitung „The Graphic" vom 27. März 1915 eine Serie von diesen Bildern, die später auch Aufnahme in den verschiedensten amerikanischen Blättern finden sollten.

Ich hatte mich längere Zeit mit ihm unterhalten, wobei er mir fortgesetzt beteuerte, daß unsere Fahrt durch das vermeintliche Minenfeld ihm einen ganz besonderen Eindruck gemacht hätte. Aus dem Gespräche merkte ich, daß er geglaubt hatte, daß wir jedesmal, wenn wir zum Zwecke des Auslotens der Wassertiefe unsere Fahrt vermindert hatten, einer gefährlichen Mine aus dem Wege gegangen wären. Tatsächlich erschienen auch später Artikel von ihm mit der Überschrift: „Unsere Fahrt durch das Minenfeld!" „Eine kühne Tat!"

So warteten nun die beiden Dampfer mit ihren Besatzungen und Passagieren die höhere Entscheidung über ihr weiteres Schicksal ab.

Ich selbst konnte für einige Zeit an Land gehen.

Stolz ragen aus dem sonst von den Engländern bei ihrem Abzuge in Grund und Boden geschossenen Orte Zeebrügge das prächtige, gänzlich neue Palast-Hotel und der noch nicht bezogene Neubau der Post und belgischen Staatsbank auf. Englisches Geld hatte dieses Prachthotel gerade vor Kriegsausbruch gebaut, und dieses englische Geld hatte es auch wieder vor der Zerstörung durch die Engländer bei der Räumung Zeebrügges bewahrt. Eigentliche Bewohner des Landes gab es kaum zu sehen, so daß es gescheiter war, Uniformen und Abzeichen der deutschen Truppen zu studieren, als sich viel um Land und Leute zu kümmern.

Für den Abend war ich zur Meldung bei dem Kommandierenden Admiral des Marinekorps, Exzellenz von Schröder, befohlen. Ein Auto holte mich von unserem Boote ab und fuhr mich durch das schöne flandrische Land nach Brügge, dem damaligen Sitze des Generalkommandos.

Zwar gab es stellenweise unterwegs zerschossene Gebäude zu sehen, doch verschwanden sie in der im großen und ganzen von den äußeren Spuren des Krieges verschont gebliebenen lieblichen Gegend, so daß es Mühe machte, derartige Zeichen des Krieges überhaupt zu entdecken. Überall sahen wir dagegen bestellte Felder oder belgische Bauern und deutsche Soldaten bei der Feldarbeit, um die Frühlingssaat noch rechtzeitig der Mutter Erde anzuvertrauen.

Fürwahr ein gar wenig kriegerisches Bild, das wohl so mancher im deutschen Vaterlande sich gewaltig anders vorgestellt hatte und das auch wir nicht so friedlich erwartet hatten.

Nach schneller einhalbstündiger Fahrt kamen wir durch die schönen Straßen der alten Stadt Brügge mit ihren herrlichen Baudenkmälern aus früherer Zeit vor das Generalkommando, das sich in dem prächtigen Gouvernementsgebäude befand.

Nach Erledigung der dienstlichen Meldung wurde mir die Ehre zuteil, zur Abendtafel des Admirals befohlen zu werden, wobei ich meinen Platz neben einem seltenen anderen Gaste des Admirals, dem Dr. Ludwig Ganghofer, erhielt, der gerade auf seiner Bereisung der Westfront zu mehrtägigem Verweilen bei den Stellungen auf dem äußersten rechten Flügel der Westfront — der „stählernen Mauer" — eingetroffen war. Ich brauche wohl kaum zu erwähnen, daß gerade die Unterhaltung mit dem so beliebten und gern gelesenen Schriftsteller, der dazu noch so viel Neues von seinem Besuche unserer Stellungen in der Front erzählen konnte und gerne erzählte, unvergeßlich war.

Doch wo er überall gewesen war, ein U=Boot war ihm noch neu, und so war es mir eine be= sondere Freude, ihn zum nächsten Vormittage zum Besuche unseres Bootes an Bord einzu= laden, was er gerne annahm.

Zur verabredeten Zeit erschien er, in Be= gleitung eines Herrn des Stabes des Komman= dierenden Admirals, bei uns an Bord in Zee= brügge. Verwundert schaute er auf das kleine graue Ding, zu dem eine gar beschwerliche Hühnerleiter nur hinunterführte. Doch schnell und behende schlüpfte er in den Bauch des un= heimlichen grauen Ungetüms, wie einer der Herren es nannte. Trotz seines weiten Pelzes fand er sich gar bald im Inneren des Bootes zurecht und kletterte durch die engsten Löcher nach unserer Anweisung hindurch, als wäre er hier schon längere Zeit zu Hause. Allen meinen Erklärungen folgte er mit der gespanntesten Aufmerksamkeit und vielem Verständnis, und

selten habe ich einem Neulinge zum ersten Male
so gerne ein U-Boot erklärt und kaum jemals
einen so aufrichtigen Dank und solche Anerkennung für das Leben und unsere Leistungen
an Bord gefunden als in dem Händedrucke, durch
den er mir am Schlusse der Erklärungen dankte.

Dann sollte uns vorne in unserem Offiziers-
Wohnraume noch geraume Zeit eine fröhlich
knallende Flasche beisammenhalten, und laut
klangen unsere gegenseitigen Wünsche für weitere
glückliche Fahrten zu Lande und zu Wasser
durch das nach oben geöffnete runde Einsteige-
Luk in die freie Gottesluft hinauf, während die
Märzsonne lachend zu uns herunterschaute.
Ganghofer saß, auf einem Sofa eingeklemmt,
neben dem Hinterteile eines vor ihm liegenden,
weit in unseren Wohnraum hineinragenden
Torpedos. Als Tisch dienten ihm nur die hinteren horizontalen Teile des Torpedos, und
scherzend wurde er von uns darauf aufmerksam
gemacht, daß es uns sicher Glück bringen würde,
daß gerade sein Sektglas auf den Flossen eines
unserer Torpedos gestanden hätte.

Wir sollten recht behalten, denn schon wenige
Tage später versetzte dieser Torpedo, nach
glattem Laufe, einem großen Schiffe unserer
Feinde den Todesstoß.

Selbstredend ließ es Ganghofer sich nicht

nehmen, auch unsere Beutedampfer einer genauen Besichtigung zu unterziehen. Sein, als das eines weitgereisten Mannes, sicher recht sachverständiges Urteil war für uns sehr ehrenvoll. Nachdem er unsere „Prisendamen" kennen gelernt hatte, mußte er offen anerkennen, daß wir bei der Aufbringung dieses Dampfers einen ausgezeichneten Geschmack bewiesen hätten.

Nach herzlichsten Abschiedsgrüßen und Wünschen für ein frohes Wiedersehen entführte ihn wiederum das flinke Auto des Generalkommandos an eine andere Stelle unserer Front, wo ihm bald wieder Neues zu schauen vergönnt sein sollte.

Inzwischen hatte das Ausladen unserer Prisenschiffe begonnen.

Die Rechtmäßigkeit des Aufbringens und der Einziehung von Schiff und Ladung erfolgt durch ein regelrechtes Gerichtsverfahren unserer Prisengerichte. Dieses Verfahren erfordert natürlich eine gewisse Zeitdauer. Da nun aber unsere Dampfer alle mehr oder minder verderbliche Lebensmittel an Bord hatten, mußten diese schon vor Abschluß des langweiligen gerichtlichen Verfahrens so schnell als möglich entladen und verwertet werden. Auf höhere Anordnung begann die Entladung der Dampfer, zunächst auf Rechnung unseres Prisengerichtes. Hätte das Prisengericht später die Rechtmäßigkeit der Aufbringung verneinen müssen, so wäre der Wert der Waren den Besitzern durch das Deutsche Reich zurückerstattet worden. Dieses trat, wie von vornherein zu übersehen war, zum Glück nicht ein.

Gleichzeitig wurden die Personalien der Besatzung und der Passagiere festgestellt und die in wehrfähigem Alter stehenden männlichen Angehörigen der feindlichen Nationen einer ärztlichen Untersuchung auf ihre Felddienstfähigkeit unterzogen. Die Dienstfähigen sollten dann interniert werden, während alle übrigen baldmöglichst unter sicherem Geleite an die holländische Grenze befördert werden sollten.

Einer der untersuchenden Ärzte erzählte mir später, daß er einen noch nicht ganz fünfzig Jahre alten, sehr rüstigen Franzosen untersucht und für diensttauglich befunden hätte. Er sollte daher zurückbehalten werden. Entrüstet hätte der Franzose hierauf aber hoch und heilig beschworen, daß er bei seinem Alter ja gar nicht mehr dienstpflichtig sei. Als der Arzt ihm dann zu verstehen gab, daß er sich doch immer noch vielleicht als Kriegsfreiwilliger seinem Lande während des Krieges zur Verfügung stellen könnte, was bei uns in Deutschland noch oft viel ältere Leute täten, lachte der Franzose nur überlegen und versicherte, daß er dies niemals tun würde. In Frankreich sei überhaupt wohl kaum ein Mann so dumm, sich freiwillig zu stellen.

Munter rasselten nun die Dampfwinden der beiden Schiffe, und immer neue Kisten, Säcke und Ballen wurden aus den geöffneten Laderäumen der Dampfer ans Tageslicht befördert und zur Weiterentsendung auf die auf der Mole vor ihnen bereitstehenden Eisenbahnzüge verladen.

Unsere Matrosen und Soldaten, die zu Hunderten zu diesem ungewohnten Geschäfte kommandiert waren, haben wohl selten einen Dienst so gerne und freudig verrichtet wie diesen des Entladens der Prisendampfer. Traurig sinnend schauten dagegen die Kapitäne und Schiffsoffiziere vom Deck ihrer Dampfer zu, wie unsere Matrosen ein ausgeschlachtetes Schwein nach dem anderen oder dazwischen einen toten Hammel auf ihren breiten Schultern im Galopp davontrugen. Die einzelnen Kompagnien der zum Entladen kommandierten Mannschaften erhielten für ihre Verpflegung durch die Verteilungsstelle nun gleich ein Schwein oder einen Hammel zugewiesen, was mir zunächst nicht bekannt war. Als ich daher zwei Matrosen mit einem toten Schwein und einem dito Hammel im Rechtsgalopp auf der Mole nach Land zu laufen sah, glaubte ich, daß hier vielleicht etwas nicht mit rechten Dingen zuginge und am Ende eine etwas willkürliche Art der Requisition stattgefunden habe. Stramm meldete mir aber der erste Matrose: „Das ist das Schwein von Kompagnie sieben und das (auf seinen Nachbar zeigend) ist der Hammel von Kompagnie neun." So hatte also alles seine Ordnung und ich konnte noch, bis die Abschiedsstunde schlug, voll innerer Freude dem lustigen Entladebetriebe der Dampfer zuschauen.

Gewaltige Mengen ausgeschlachteter Schweine und Hammel — ihre Menge habe ich nicht zählen können — mächtige Kiepen mit lebenden Aalen und geschlachteten Enten wurden auf die gleich zu den einzelnen Truppenteilen adressierten Eisenbahnwagen geladen, während dazwischen große Fässer schönen Amsterdamer Bieres „nach Münchener Art" hinaufgerollt wurden. Vor allem aber machte es unseren Leuten Spaß, die kolossalen Eierkisten für ihren Truppenteil zu empfangen. Waren doch gerade Eier ein nicht allzu häufig auf ihrem Speisezettel stehendes Nahrungsmittel, außerdem winkte in einigen Tagen ja das liebe Osterfest, wo man diese Eier wohl gut und gerne verwerten konnte. So sollte es auch kommen. Jeder Mann der im Norden stehenden Armee bekam, wie wir später von Kameraden hörten, zum Osterfeste bis zu acht Eiern aus diesen Ladungen. Sollte einer oder der andere Angehörige dieser Armee jedoch hierbei schlechter weggekommen oder gar gänzlich leer ausgegangen sein, so bitte ich uns nicht dafür verantwortlich zu machen. Das ist sein Pech gewesen, und Ostern kommt bald wieder.

In einer holländischen Zeitung, die ich gerade zur Hand habe, hat später anscheinend der Kapitän eines der beiden Dampfer einen Artikel über das Aufbringen und Entladen der Dampfer in uns sehr wohlwollenden Worten veröffentlicht. Hierbei hat er auch die Stückzahl der Eierladung verraten; die betreffende Stelle lautet in wörtlicher Übersetzung: „An Bord des Dampfers ‚Zaanstroom‘ befanden sich viertausendvierhundert Kisten mit Eiern zu je durchschnittlich eintausendachthundert Stück und zweihundert Faß Bier. Von diesen wanderten zwei direkt an Bord von dem Torpedo" — womit er unser U-Boot meinte. Wer hätte es uns auch wohl verdacht, daß unsere Leute einen guten Schluck auf unser Jagdglück tun wollten.

Am nächsten Nachmittage war die Feststellung der Personalien von Passagieren und Besatzung beendet. Eine große Anzahl von ihnen mußte als Kriegsgefangene in ein Konzentrationslager wandern, und manch rührende Abschiedsszene gab es da mit den auf freiem Fuß belassenen Frauen und ihren festgenommenen Angehörigen.

Der Rest wurde unter militärischer Bedeckung mit einem Extrazuge, der vor den Dampfern vorgefahren war, an die holländische Grenze gebracht.

Man sah den zu diesem Dienste kommandierten Matrosen deutlich an, daß sie sich nicht gerade ungerne zu dieser Eisenbahnfahrt hatten kommandieren lassen. Denn vergnügt saßen sie, bis zu den Zähnen bewaffnet, zu zweien mit je zweien unserer schönen Varieté-Künstlerinnen im Abteil zusammen. Ich glaube, sie hätten es ganz gerne gesehen, wenn die Fahrt noch ein bißchen weiter als nur bis zur holländischen Grenze gegangen wäre. —

Noch einmal gingen wir an dem Zuge kurz vor seiner Abfahrt entlang, um unseren neuesten Bekannten, die sich allerdings nach unserer Bekanntschaft so gar nicht gesehnt hatten, Lebewohl zu sagen. Hierbei dankte mir ein alter Amerikaner, dem ich persönlich eine kleine Gefälligkeit hatte erweisen können, im Namen aller Passagiere wiederholt gerührt für die gute Behandlung, die sie alle bei der Aufbringung ihres Dampfers und auch hier im Hafen gefunden hätten. Ich mußte diese Dankesworte ablehnen, denn sie waren nur so behandelt worden, wie es ihnen zukam. Höchstens hätten sie sich bei ihrem holländischen Dampferkapitän bedanken können, weil er nicht unnütz ihr Leben durch weitere Flucht gefährdet hatte.

Unter munterem Abschiedswinken setzte sich dann der Zug in Bewegung. Ob wohl einem oder dem anderen der zurückbeförderten Passagiere die Lust zu einer abermaligen Seereise nach England bei Kriegszeiten vergangen ist?

Nach Abfertigung des Eisenbahnzuges schlug auch für uns die Abschiedsstunde. Schnell wurden wiederum die Leinen gelöst, die uns für zwei so schöne erinnerungsreiche Tage an die flandrische Küste gefesselt hatten.

Noch im Vorüberfahren winkte ich den auf ihren Dampfern zur Abwickelung aller weiteren Geschäfte zurückgebliebenen holländischen Kapitänen zu.

Als ich den letzten hierbei mit dem Sprachrohr anrief: „Na, Herr Kapitän, auf Wiedersehen!" schallte es zurück: „Sehr gerne! aber hoffentlich nicht wieder so!"

Dann ging es weiter — westwärts.

Schnell trug unser Boot uns weiter und weiter nach Westen. Rasch entschwanden unseren Blicken die winkenden Kameraden auf der äußersten Molenspitze, dann die Mole selbst, und auch der uns lange noch sichtbare Leucht= turm wurde bald darauf in der einsetzenden Abenddämmerung unseren Blicken entzogen. Ein letzter Abschiedsblick galt ihm als dem aller= letzten sichtbaren Wahrzeichen des von uns er= oberten Landes. Bald sollten wir nur noch feindliche Küsten um uns haben.

Vorbei ging es zunächst an dem französischen Hafenplatz Boulogne.

Mächtig und imponierend stand die dreiund= fünfzig Meter hohe Marmorsäule, auf der die fünf Meter hohe Bronzestatue Napoleons I. thront, den Blick nach Englands Küste ge= wandt. Dieses Standbild wurde errichtet zur Erinnerung an das in den Jahren 1803/05 geplante Unternehmen Napoleons I., mit einem starken Heere auf vielen bereitgehaltenen Schiffen nach England hinüberzusetzen. Auch wurden von Napoleon I. gleichzeitig zur Sicherung der Hafenanlagen stärkere Befestigungen angelegt. Schon standen achtzigtausend Mann versammelt,

als Napoleon, nach Ausbruch der Feindselig-
keiten mit Österreich, im Jahre 1805 seine
Truppen auf anderen Kriegsschauplätzen nötiger
gebrauchte. So unterblieb das großzügig geplante Unternehmen einer Landung in England, und nur die Napoleon-Säule gibt noch
Kunde von einem nicht zur Verwirklichung ge-
kommenen kühnen Plane. Leichter ist jetzt den
damals feindlichen Brüdern, den Engländern,
die Landung auf französischem Boden geworden.
Jetzt können die Söhne Albions, die in den
Heerlagern an der französischen Nordküste liegen,
sich in Ruhe und Muße die Statue des großen
Kaisers betrachten, der über das Willkommene
ihres Besuches auf französischem Boden vielleicht anders denken würde als die heutigen
Staatsmänner der französischen Regierung.

Schon gleich am ersten Tage sollte es für uns
im französischen Kanal Arbeit geben. Einige
Dampfer konnten versenkt werden, nachdem
auch ihre Besatzungen wieder in den Booten
das Schiff verlassen hatten. Im allgemeinen
wiederholte sich in großen Zügen bei jedem versenkten Dampfer das gleiche Bild.

Dann aber war es uns zum ersten Male vergönnt, mit einem U-Boote über und unter den
Fluten des Nord-Atlantiks dahinfahren zu können. Auch dieser schien sich über unser erst-

maliges Erscheinen zu freuen und hatte daher alle Register aufgezogen, um sich von der stolzesten und prächtigsten Seite zu zeigen.

Einer der bekannten Märzstürme brauste über seine aufgeregten Fluten. Nur wer es kennt, das gewaltige Weltmeer, mit seinen riesigen blauschwarzen Wogen und ihren blendend weißen Schaumköpfen, kann seine stolze Majestät ganz ermessen.

Immer wieder und wieder sich überstürzend drängten die von Westen kommenden Wogen hinein in die geöffnete Mündung des französisch-englischen Kanals, sich hindurchwälzend durch die von Englands und Frankreichs Küsten eingezwängten Gewässer, um dumpf brausend und brandend an den scharfen Felsenspitzen Nord-Frankreichs oder den im Sonnenglanze weiß schimmernden Kreidefelsen eines englischen Küstenstriches zu zerschellen und ermüdet dort ihr Rennen aufzugeben, um es gleich wieder von neuem zu versuchen.

Schön ist dieser prächtige Anblick jedesmal wieder von dem hohen Verdecke eines stolzen, die auseinanderspritzende Flut in eilendem Laufe durchfurchenden Schnelldampfers. Ruhig und friedlich wiegt sich auf diesen Wogen emporgetragen und herabgezogen das stattlich schöne Segelschiff. Doch noch herrlicher wirkt dieses gewaltige Naturschauspiel von dem niedrigen, schon bei stiller See kaum über das Wasser hervorragenden Oberdeck eines U-Bootes! Und am allerschönsten ist es, mit tauchklarem U-Boote hineinzutauchen in die sich auftürmenden, lang dahinrollenden Wogen des Ozeans, bis sie sich wieder gurgelnd über unseren Köpfen schließen und zusammenschlagen, um uns milde allen neugierigen Blicken zu verbergen.

In ewigem Wechsel wird die kleine Nuß-schale unseres Bootes herabgerissen in das tiefe Wellental der Ozeanwogen, um im näch-sten Augenblicke gleich wieder emporgeschleudert zu werden auf der nächsten Woge stolzen Kamm. Frech nässen uns die fortgesetzt über das ganze Boot hinwegfegenden Spritzer wie mit einem dichten silberglitzernden Schleier und gar bald haben sie uns und unser Boot von unten bis oben mit einer scharfen Salzkruste überzogen, die die Augen bis zu Tränen rührt und im etwa geöffneten Munde einen scharf salzigen Geschmack erzeugen. Doch „uns Schiffer im kleinen Kahne ergreift's nicht mit wildem Weh". Ferne sind gottlob alle drohenden Felsenriffe, wohl „schaun wir hinauf in die Höh'", auf den Gipfel der stolzen Meereswogen, doch gleich darauf kön-nen wir wieder, von unsichtbaren Armen empor-getragen, von der Spitze des eben noch hoch über uns hängenden Gipfels der Wogen hinabblicken in das tief unter uns liegende liebliche Wellental!

„Solch ein Wetter macht Spaß!“ „Das ist doch mal wenigstens ein anständiger Seegang!“ Diese und ähnliche Aussprüche waren die einzigen Bemerkungen, die ich jemals bei wirklich schwerem Wetter von unseren Leuten hörte. Ja selbst wer unter den Folgen der Seekrankheit litt und dem Meere seinen Tribut zahlte, lachte wieder auf bei dem herrlichen Anblick der Majestät des Weltmeeres.

Glücklicherweise sind ferner unsere U=Boote in jeder Beziehung so außerordentlich gute Seeschiffe, daß nur selten und nur in den unteren Schiffsräumen einige Leute an der Seekrankheit zu leiden haben. Manche werden dieses teuflische Leiden allerdings niemals los. Sie sind zu bedauern, aber es ist ein schönes Zeichen, daß gerade sie nimmer die Lust zur Seefahrt verlieren. Wenn man selbst niemals unter dieser Krankheit gelitten hat, fragt man sich wohl unwillkürlich, ob man selber auch so mutig und standhaft die böse, böse Seekrankheit über sich immer von neuem ergehen lassen würde. Aber es muß ja wohl ein stets schnell vergessenes Leid sein, denn gerade die ewigen Seekrankheits=Kandidaten lachen gleich hinterher am meisten über ihren bisherigen Zustand.

So lagen wir bei schwerem Südweststurme vor der westlichen Einfahrt zum Englischen Kanal auf der Lauer. Kein Schiff ließ sich sehen. Sie alle hatten es nach Möglichkeit vorgezogen, bei dem stürmischen Wetter den schützenden Hafen nicht zu verlassen, oder sie hatten irgendwo in einer ruhigen Bucht unter Land Schutz gegen Wind und Wetter gesucht und gefunden. Uns war dieses natürlich verwehrt. Es kam noch hinzu, daß im Kanal gegen Friedenszeit die Schiffahrt auch schon merklich abgenommen hatte. Die deutschen Schiffe blieben aus, neutrale Dampfer zogen es vor, das Kriegsgebiet zu meiden, und wählten lieber einen zwar weiteren, aber ungefährlichen Weg um die Shetlands-Inseln herum, die nördlichste, der schottischen Küste vorgelagerte Inselgruppe. Ja selbst die englischen Schiffe fuhren auch längst nicht mehr so zahlreich wie im Frieden durch das gefährliche Kriegsgebiet.

Da wir außerdem bei dem unsichtigen Sturmwetter und der durch fortgesetzte Spritzer mit Wasserdämpfen erfüllten Luft begreiflicherweise auch keinen ganz so weiten Ausblick hatten wie bei ruhigem klaren glatten Wetter, ist es erklärlich, daß wir lange auf der Lauer liegen mußten, ehe uns das erste Schiff zu Schuß kam.

Es war am nächsten Morgen nördlich der Scilly-Inseln, der Inselgruppe an der SW-Ecke Englands.

Noch ging die See zwar hoch, doch der grobe steife WS-Wind hatte an Stärke verloren und war einem mittleren, gleichmäßigen, aus SW noch wehenden Winde gewichen. Bei heller klarer Märzsonne wehte der schon wärmende Frühlingswind von hinten leise über unser in den Bristol-Kanal hineinlaufendes Boot hinweg.

Da endlich erschien hinter uns mit gleichem Kurse vor der See laufend ein großer Dampfer, der anscheinend den Hafen von Cardiff zu erreichen versuchte. Sein Kurs schien ihn aus einem südamerikanischen Hafen heraufgeführt zu haben.

Schnell wandten wir unser Boot herum und fuhren gegen die anlaufende See ihm entgegen, um ihn durch Flaggensignal zum Beidrehen aufzufordern.

Kaum aber hatte er uns erblickt, als er auch schon sofort kehrtmachte und zu entrinnen versuchte. Noch immer zeigte er keine Nationalflagge und beachtete auch das ihn zum Zeigen der Nationalflagge auffordernde Flaggensignal nicht. Es war somit klar: Wir hatten einen Engländer vor uns!

Auch nach Abgabe unserer jetzt in seine Nähe gefeuerten Warnungsschüsse brachte er sein Schiff nicht zum Stehen, sondern versuchte, in leichtem Bogen mit höchster Fahrt auf seinen alten Kurs zurückzudrehen, um so seinen Bestimmungshafen zu erreichen. Gleichzeitig feuerte er in

156

kurzen Zwischenräumen Raketensignale ab, die anscheinend die Hilfe in der Nähe vermuteter englischer Bewachungsschiffe herbeiholen oder uns wenigstens verblüffen sollten.

Es blieb uns nichts übrig, als ihn durch einen Schuß in sein Schiff zum Anhalten zu bewegen.

Laut krachend schlug die erste Granate in der Nähe seiner Kommandobrücke ein, aber noch immer gab er die Jagd nicht auf. Seine einzige Antwort bestand im Gegenteil wieder darin, daß er weitere Hilfsrufssignale mit Raketen abgab, und daß er hinten am Flaggenstocke die englische Flagge emporsteigen ließ, zum Zeichen, daß er den Kampf aufnehmen wollte. Nun gut! Er sollte ihn haben!

Das gleiche Schauspiel haben wir übrigens auf dieser, wie auch auf späteren Fahrten, verschiedentlich beim Feuergefechte mit englischen Dampfern erlebt, daß sie nämlich ihre Flagge erst in dem Augenblicke setzten, wo sie den ersten Treffer im Schiffe hatten. Alle Achtung vor dem persönlichen Schneid dieser englischen Schiffsführer! Aber wie verblendet und kurzsichtig gegen ihre Besatzung und ihre Passagiere, deren Leben sie unnützerweise aufs Spiel setzen. Dieses sollte gerade in dem vorliegenden Falle in besonders starkem Maße zur Schau treten, wie wir später aus englischen Zeitungen erfuhren.

Fortwährend im Kreise drehend, versuchte der Engländer zum Rammstoß auf uns anzusetzen. Wohlweislich aber drehten wir ihm immer in solchem Abstande und in solcher Richtung nach, daß ein Rammen durch ihn ausgeschlossen blieb. Dagegen bot er uns bei seinem Abdrehen ein willkommenes großes Ziel in dem Augenblicke, wo er uns bei der Drehung seine ganze Breitseite zuwandte. Jedesmal sollte ein krachender und prasselnder Treffer ihm dann Kunde von der Schießfertigkeit unserer Geschützbedienungen geben.

Nicht leicht hatten es die Leute an den Kanonen. Hoch wälzten sich noch immer die Wogen über unser niedriges Bootsdeck hinweg. Häufig standen die Geschützbedienungen bis zum Halse in der kalten salzigen Flut. Auch wurden sie des öfteren von besonders schweren Wellen vom Deck heruntergespült und zappelten eine Weile außenbords. Doch immer konnten wir sie wieder glücklich auf das Oberdeck heraufziehen, falls die nächste Meereswelle sie noch nicht von allein wieder zu uns zurückspülte, was auch häufig der Fall war. Sie alle waren, jeder einzeln, mit starken Leinen an die Kanonen angebunden, so daß wir zum Glück keinen Verlust an Menschenleben hatten.

Nun stieg die Hoffnung unseres Gegners, zu entrinnen, naturgemäß, sobald er sah, daß unsere Geschützmannschaften von schweren Brechern an Deck gerissen oder gar über Bord gespült wurden. Aber auch unsere Kampfeslust stieg doppelt mit jedem Treffer.

So ging die wilde Jagd weiter. Ein wohlgezielter Treffer zerschoß des Engländers Flaggenstock am Heck, so daß die rote Flagge mit dem „Union Jack" müde heruntersank, doch wurde sie kurz darauf wieder am Vortopp des Schiffes gehißt. Auch hier sollte sie aber nicht lange im Winde flattern, denn schon einer der nächsten Treffer holte sie wieder mitsamt der oberen Stange des Vormastes von oben. Noch ein drittes Mal stieg sie empor an einer stehengebliebenen Flaggenleine an der Raa des Vortopps. Allerdings war sie jetzt schon in der an Bord wohl herrschenden Unruhe verkehrt herum, mit dem „Union Jack" nach unten, aufgehißt worden und so wehend sollte sie auch später mit dem mutigen Schiff in die Tiefe gleiten.

Schon über vier Stunden hatte die Jagd gedauert, aber noch immer war es uns nicht gelungen, dem Dampfer wirklich eine tödliche Wunde beizubringen. Wohl brannte er schon verschiedene Male an mehreren Stellen, auch klafften große Löcher an beiden Seiten seiner Bordwände, doch immer gelang es der Mannschaft wieder, des Brandes Herr zu werden,

oder es saßen die Schußlöcher in seiner Bord=
wand so hoch, daß kein oder nur wenig Wasser
in die unteren Schiffsräume durch sie hinein=
strömen konnte, so daß seine Pumpen das ein=
gedrungene Wasser aus dem Schiffe heraus=
zupumpen imstande waren. Oft auch kam es
vor, daß gerade im Augenblicke des beabsich=
tigten Schusses sich eine hohe Welle dicht vor
der Mündung der Kanone in der Schußrichtung
aufbäumte, so daß die Granate laut zischend
durch den Wasserberg hindurchsauste. Wir alle
wurden dann von unten bis oben in das über
das ganze Boot sich ergießende Spritzwasser
gehüllt, das uns für kurze Zeit die Möglichkeit
eines Ausblickes vollkommen benahm. Doch
bald war das nicht bestellte Brausebad wieder
vorüber und uns schadete es ja gar nichts, wenn
wir noch ein bißchen nasser wurden. Wir waren
doch schon seit mehreren Tagen naß genug.

Es war aber auch für uns die höchste Zeit,
denn schon näherten sich dem Kampfplatze mit
hoher Fahrt einige durch die Schüsse und Ra=
ketensignale herbeigelockte englische Torpedo=
boots=Zerstörer oder sonstige Wachfahrzeuge.
Mächtige Rauchwolken, aus ihren Schornsteinen
gen Himmel steigend, zeigten an, daß sie keine
geringe Fahrt liefen und wohl in nicht allzulanger
Zeit auf dem Kampfplatze erscheinen würden.

Zeit war es daher für uns, das Feld zu räumen, zumal der sich immer stärker und stärker zur Seite neigende Dampfer sichtlich genug hatte und jeder weitere Schuß daher nur eine Munitionsvergeudung bedeutet hätte. Vor allem aber auch, weil ein neuer großer Dampfer in südlicher Richtung erschienen war, der ein zweites verlockendes Opfer zu werden versprach. So hielten wir daher mit höchster Fahrt auf diesen gleich zu.

Einen letzten Blick warfen wir zurück auf unseren verschwindenden tapferen englischen Gegner und auf die sich ihm immer mehr nähernden Rauchwolken, die ihm die Rettung bringen sollten. Es war das erste und sollte auch bisher das letzte angegriffene und beschossene feindliche Schiff bleiben, dessen Sinken uns nicht mehr vergönnt war, selbst mit anzusehen.

Auch hatte uns das tapfere Aushalten des Kapitäns und seiner Besatzung trotz aller gegenteiligen Vernunftsgründe einen gewissen Eindruck gemacht. Im stillen sagte ich mir beim Verlassen des lahm geschossenen Gegners, daß hier wohl die englische Regierung alle Veranlassung hätte, dem Kapitän und der Besatzung, falls es ihnen wider Erwarten noch glücken sollte, das Schiff zu erhalten oder ihr Leben zu retten, Auszeichnungen und Belohnungen zuteil werden zu lassen. Und so sollte es auch kommen.

Wir lasen nämlich gleich nach unserer Rückkehr in den deutschen Hafen, daß unser Dampfer,
bald nachdem wir ihn verlassen hatten, gesunken war, während die noch lebenden Teile
der Besatzung und der Passagiere von den zur
Hilfe herbeigeeilten Fahrzeugen aufgenommen
waren. Der Kapitän, dessen tapferes Verhalten in allen englischen Zeitungen in den
überschwänglichsten Ausdrücken gelobt wurde,
wurde zum Reserveoffizier der englischen Flotte
ernannt, während die Mannschaften Belohnungen in barem Gelde erhielten.

Doch was hatte dieses Verhalten des Kapitäns
gekostet?

Sämtliche Offiziere des Dampfers bis auf
den Kapitän selbst waren in unserem Feuer gefallen, einige Leute der Besatzung und, wenn
ich mich recht erinnere, auch einige Passagiere
gleichfalls. Die Passagiere waren von dem
Augenblicke der Beschießung an von dem Kapitän zur Unterstützung der Heizer in die Kesselräume geschickt worden und hatten im Schweiße
ihres Angesichtes die schwere ungewohnte Arbeit des Heizens der Schiffskessel mitverrichten
müssen, um die Geschwindigkeit des entfliehenden Schiffes bis zum äußersten zu steigern.

Ja, er hätte es billiger haben können, der
Kapitän des Dampfers „Vosges", dessen Namen

wir erst, da er am Schiffskörper übermalt war, aus den Zeitungen erfuhren.

Auch diese unnützen unschuldigen Menschen= opfer hätten ohne seinen Starrsinn und ohne die Verhaltungsmaßregeln der englischen Re= gierung gespart werden können.

Doch nun zurück zu unserem zweiten Freunde. Näher und näher führte uns der schnelle Lauf unseres Bootes und gar bald erkannten wir aus seiner am Flaggenstocke wehenden Flagge und den am Schiffskörper aufgemalten Na= tionalfarben, daß wir einen spanischen Dampfer vor uns hatten.

Willig stoppte er auf unseren Anruf und sandte ein Boot, in dem ein Schiffsoffizier die Schiffspapiere längsseit brachte. Ziemlich naß wurden die Bootsinsassen zwar noch durch den herrschenden Seegang beim Anlegen an der Bordwand des U=Bootes, doch hatte sich die See bereits seit heute morgen so weit wieder verlaufen, daß ohne jede Gefahr eine Fahrt über See mit seetüchtigen Booten auszuführen möglich war. Hatte der Kapitän der „Vosges" kurz vorher seinen Booten oder seinen Seeleuten nicht zutrauen wollen, bei diesem Wetter in den Booten das Schiff zu verlassen? Möglich ist beides, nach dem zu urteilen, was wir bald nachher an mangelhaftem Bootsmaterial eng=

lischer Dampfer und der oft höchst minderwertigen seemännischen Ausbildung der Bootsbesatzungen zu sehen bekommen sollten. Vielleicht also hatte der Kapitän der „Vosges" aus diesem Grund sich hiervor gescheut und den gefahrvollen Kampf aufgenommen.

Sichtlich erfreut, die Untersuchung seiner Papiere gut überstanden zu haben, ließ der spanische Schiffsoffizier sich dann auf ein längeres Gespräch ein. Ich machte ihn und seine Bootsbesatzung nochmals eindringlichst auf das Gefahrvolle der Seefahrt in dem Kriegsgebiete aufmerksam, zumal die Engländer ja jetzt vielfach fremde Flaggen führten und die kleine spanische Flagge, die an seinem Flaggenstocke wehte, besonders leicht von einem U-Boote mit der englischen Flagge verwechselt werden könnte. Gleich beteuerte er mir hierauf, daß auch er sich der drohenden Gefahren wohl bewußt wäre, wobei er in die Worte ausbrach: „Wo die Engländer jetzt unsere Flagge führen, ist unsere Position sowieso verloren!"

Auf meine Warnung, ja gut aufzupassen, und sich beim Sichten von U-Booten nicht etwa der Untersuchung durch die Flucht zu entziehen, entließ ich ihn mit dem ausdrücklichen Hinweise auf die benachbart von uns ausliegenden anderen deutschen U-Boote. Er dankte

164

bewegt und gab zu erkennen, überhaupt keine Lust mehr zu haben, zu Kriegszeiten in diesem gefährlichen Gebiete weiter zur See zu fahren. Sichtlich erleichtert bestieg er dann wieder sein Boot, um bald darauf die Reise nach seinem Heimatshafen, dem lieblichen Santander an Spaniens schöner Nordküste, fortzusetzen.

Eine Schilderung dieses kleinen Vorfalles mit dem spanischen Dampfer „Agustina" fand ich später unter der Überschrift „Toujours l'U..." mit unserer Bootsnummer in der französischen Zeitung „Le Matin" vom 1. April 1915. Dieselbe Zeitung tat uns sogar nach einer längeren Artikelserie über unser unerwünschtes Auftreten in den französischen und englischen Gewässern die Ehre an, in einer ihrer nächsten Nummern ein großes Bild unseres Bootes zu bringen; dieses mag vielleicht einmal von einem kurz nachher versenkten Dampfer aus oder aus den Schiffsbooten aufgenommen worden sein.

Zu allen einzelnen hervorragenden Teilen des Bootes führten Pfeilstriche hin, an denen die nötigen Erklärungen standen. Auf uns, die wir auf der Kommandobrücke standen, zeigte ein großer Pfeil hin mit der ehrenden Bezeichnung: „voilà l'équipage de bandits!" (Das ist die Banditen-Besatzung.)

Wir haben diese Schmeichelei nicht übelgenommen, wir waren es schon gewohnt, in englischen Zeitungen nur noch „Piraten" genannt zu werden, da kam es uns also auf die „Banditen" auch nicht mehr an. Im Gegenteil, gerne habe ich mir das kleine Bild des „Matin" einrahmen lassen. Es soll mich noch oft an die ehrliche Wut des Zeitungsschreibers erinnern und gereicht uns genau so zur Ehre wie der englische Wutausbruch von der „deutschen U-Boots-Pest"!

Noch mehrere neutrale Dampfer untersuchten wir in den nächsten Tagen. Zwischendurch wurden einige englische Dampfer versenkt, wobei sich meist nichts wesentlich Neuartiges ereignete. Meist versuchten sie wie die bisher versenkten Dampfer zu entkommen und gaben das Rennen erst später oder früher auf, teils fügten sie sich auch in das Unvermeidliche von vorneherein auf das erste Signal, und dann konnten Passagiere und Besatzung in aller Ruhe und Sicherheit das Schiff verlassen, dem nachher einige wohlgezielte Granaten oder ein Torpedo den Gnadenstoß versetzten. Fast immer gelang es uns dann, in der belebten Zufahrtstraße zur Irischen See, dem St.-Georges-Kanal, Fischdampfer oder andere neutrale Dampfer oder Segelschiffe zur Aufnahme der in den Schiffsbooten befindlichen Besatzungen herbei zuholen, so daß diese bald darauf wohlgeborgen auf diesen Schiffen wieder das sichere Land erreichen konnten.

Nur einen Fall möchte ich noch anführen, der wiederum zeigt, bis zu welchem Grade die verlockenden Belohnungen der englischen Regierung für unsere Vernichtung selbst die Kapitäne der kleinen Fischdampfer verblendet hatten.

Über zwei Stunden lang waren wir an einem der folgenden Nachmittage im St.-Georges-Kanale einem fliehenden englischen Dampfer nachgedampft. Trotzdem wir, als alle Warnungsschüsse ihn nicht zum Beidrehen veranlaßt hatten, die ersten Treffer in den Dampfer schon auf sehr große Entfernungen erzielen konnten, versuchte der Kapitän noch immer zu entkommen. Endlich, als wir näher und näher gekommen waren und ein Schuß zufällig Passagiere in einem Boot traf, stoppte der Kapitän und ließ seine Boote zu Wasser. Gleich hatte er genug mit der Rettung der aus dem vorhin angeschossenen Boote herausgefallenen Leute zu tun. Schnell machte dann ein Torpedo, nachdem alle Leute von Bord gestiegen waren, dem Leben des Dampfers ein Ende.

Da es dunkel wurde, fuhren wir in die Nähe eines am Horizonte sichtbaren Fischdampfers, um diesen noch möglichst bei Helligkeit an die

Stelle zu dirigieren, wo die Leute des versenkten Dampfers in ihren Booten herumschwammen. Aus Mitleid wollten wir die Schiffbrüchigen tunlichst schnell auf dem gesichteten Fischdampfer an Land schaffen lassen. Dieser aber hatte ein schlechtes Gewissen und warf sofort sein ausgebrachtes kostbares Netz los, um auch die Flucht zu versuchen. Doch bald waren wir in seiner Nähe und gaben ihm durch Zuruf zu verstehen, was wir von ihm wollten, und daß ihm selber gar nichts geschehen sollte.

Der an Deck befindliche Steuermann hatte mich auch verstanden und war persönlich sehr erfreut darüber, so gut bei unserer Begegnung davongekommen zu sein.

Kurz darauf aber machte der Fischdampfer eine schnelle Wendung, der wir selbst weiter keine Bedeutung beizulegen brauchten, weshalb wir ihn wieder verließen, nachdem wir ihm die Gegend, in der die Boote mit den Leuten schwammen, genau angegeben hatten.

Hinterher hat der Kapitän dieses zur Hilfe von uns herbeigeholten Fischdampfers nach den Zeitungen ausgesagt, daß er unter Deck gewesen sei, als wir in seine Nähe gekommen wären. Er sei dann nach oben geeilt und habe gesehen, wie sein Steuermann mit uns verhandelte. Sogleich habe er ihm daher von unten zugerufen: „Steuermann! Ramm' ihn doch!" Hierauf war also wohl die kleine, aber gänzlich harmlose Wendung des Fischdampfers auf uns zurückzuführen, der wir mit geringem Ruderlegen hatten ausweichen können.

Und dieser bösartige kleine Fischdampfer führte den friedlichen Namen „Ottilie". Leider, liebe Ottilie, haben wir deine böse Absicht nicht erkennen können, sonst hätten wir selbst auf dich keine zarte Rücksicht nehmen dürfen und du würdest nicht mehr lange am Leben geblieben sein. Vielleicht hat dein Kapitän auch nachträglich nur mit seiner mutigen Absicht geprahlt. Seinen Zeitungsbericht schloß er mit den Worten: „Doch das Unterseeboot manövrierte wie ein Schwan und entkam."

Kaum waren wir nun hinterher in die Heimat zurückgekommen, als ich mit der ersten Post bereits ein Dutzend mehr oder weniger deutliche Anspielungen über mein Manövrieren wie ein „Schwan" von lieben Kameraden erhielt.

Einige waren so freundlich, mir diesen Zeitungsabschnitt bloß mit dem Bemerken zuzusenden, ob das „a" in „Schwan" vielleicht nicht ein Druckfehler wäre, während andere in ihrer Offenheit so weit gegangen waren, das „a" gleich in den wohlklingenden Doppellaut zu verwandeln, der dann den Namen eines sehr be=

kannten und jetzt so besonders beliebten Tieres ergibt.

Der Gerechte muß eben vieles über sich ergehen lassen, und so konnten wir auch diesen kleinen Spott der lieben Freunde ertragen und belachen.

Noch manch anderer schöner Dampfer fiel uns im Laufe der nächsten Tage in die Hände, doch fast immer wiederholte sich dasselbe Bild, bis er nicht mehr oben schwamm und laut gurgelnd in die Tiefe sauste.

So traten wir dann, nachdem wir uns so ziemlich vollkommen verschossen hatten, nach einigen Tagen den Rückmarsch an, vielleicht konnten wir unterwegs noch auf der Rückfahrt einen oder den anderen schönen Dampfer „mitnehmen".

So sollte es auch kommen. Noch zwei besonders stattliche Schiffe liefen uns in den Weg.

Dicht vor der Einfahrt zum Kanale trafen wir einen schwer beladenen, von Amerika kommenden Dampfer, der auf die französische Küste zuhielt mit all den schönen Sachen, die jetzt so besonders gerne aus Amerika versandt werden.

Bald begann die gewohnte Jagd und in eilendem Laufe ging es im Kielwasser hinter dem entfliehenden Feinde her.

Von vornherein schien der Kapitän sich bewußt zu sein, daß er mit seiner höchsten Fahrt uns nicht lange würde davonlaufen können,

denn gleich begann er die Seitenboote auszu=
schwingen, um sie nachher, sobald es nottat,
möglichst rasch zu Wasser lassen zu können. Unser
schnelles Näherkommen gab auch uns die Ge=
wißheit, daß die Jagd dieses Mal nicht übermäßig
lange dauern würde, und wir konnten uns aus
Rücksicht auf den allmählich zur Neige gehenden
Proviant und Munitionsvorrat die Warnungs=
schüsse für spätere Gelegenheiten sparen. Plötzlich
wurden an beiden Seiten dichte schwarze runde
Gegenstände über Bord geworfen, deren kugelige
Oberflächen im Wasser weithin sichtbar blieben.
„Der Kerl wirft Minen!" meinte der neben mir
stehende Steuermann, doch sahen mir selbst diese
gefährlichen Gegenstände denn doch nicht ganz
so aus. Wir fuhren in aller Ruhe weiter darauf
zu, um sie aus nächster Nähe zu untersuchen.
Und siehe da! Es waren nur die schon vorher
geschnürten Zeugbündel der Besatzung, die die
Leute in die Schiffsboote hatten werfen wollen.
Wir erlebten es in diesem Falle zum ersten Male,
daß eine ganze Besatzung eines englischen
Schiffes schon von vornherein ihr Bündel ge=
schnürt hatte, um sofort beim Anhalten durch
eins unserer U=Boote mit ihren gepackten Hab=
seligkeiten das Schiff verlassen zu können. Später
wurde uns dieses ein gewohntes Bild; denn es
hatte sich sicher in den Seemannskreisen der eng=

lischen Hafenstädte herumgesprochen, daß dieser und jener ihrer Kollegen beim Anhalten seines Schiffes durch ein deutsches U-Boot nicht mehr viel Zeit zum Packen der Koffer gefunden hatte.

Bald hielt denn auch der Dampfer an, und in aller Ruhe stieg die Besatzung, dieses Mal in so vorzüglicher seemännischer Ordnung, wie wir es noch nie zuvor gesehen hatten und auch später kaum noch jemals wieder zu sehen bekamen, in die Boote.

Einer unserer letzten Torpedos brachte dann dem englischen Dampfer „Flaminian" die tödliche Wunde bei.

Noch am nächsten Morgen sollte uns abermals ein guter Braten winken, bevor wir der Westküste Englands und dem Altantischen Ozean für dieses Mal Lebewohl sagten.

Ein breiter, schwer beladener englischer viermastiger Dampfer, gleichfalls von Amerika kommend und mit fünftausend Tonnen Hafer nach dem französischen Küstenplatz Le Havre bestimmt, wurde achteraus gesichtet. Die Jagd begann. Er wollte enteilen, doch gleich der erste auf ihn gerichtete Schuß ging mit weithin sichtbarer Sprengwolke durch die Mitte seiner Kommandobrücke und sein Kartenhaus hindurch. Gleich stoppte er und gab Signale für das Rückwärtsschlagen seiner Maschinen; wir konnten uns also alle weiteren Schüsse ersparen, zumal er auch damit begann, seine Boote zu Wasser zu lassen.

Näher kommend erkannten wir dann, daß der Kapitän und alle Leute auf der Kommandobrücke mit erhobenen Armen zum Zeichen der Übergabe dastanden. Dieses machte von weitem zunächst einen eigenartigen Eindruck, doch war die Zweck= mäßigkeit dieses Zeichens des Sichergebens auch für den Seekrieg in diesem Falle nicht zu leugnen. Übrigens haben wir dieses Hochheben der Arme später noch bei verschiedenen Kapitänen an= gehaltener Dampfer gesehen.

Bald hatte er auf unsere Aufforderung hin seine Boote mit der Besatzung zu Wasser gelassen, die auf unser Geheiß zu uns gerudert kamen.

Nun zeigte die Besatzung echt englische Züge, die wir später in ähnlicher Weise noch des öfteren bei den Besatzungen versenkter Dampfer wahr= nehmen sollten. Ich will daher kurz davon ein= mal hier erzählen.

Kaum hatten die Leute ihr Leben in den Booten in Sicherheit gebracht, da fing der ganze Vorfall des Versenkens ihres Schiffes an, ihnen Spaß zu machen, sie hielten es für eine Art Sport.

Die Nebenumstände waren dieses Mal aller= dings auch besonders günstig für eine gemütliche Auffassung des an sich so ernsten Vorfalles. Bei spiegelglatter See lachte die Frühjahrssonne über dem ruhig daliegenden Weltmeere und brachte ihre wärmende Wirkung schon in sehr angenehmem Maße zur Geltung.

Kaum war der Kapitän des Dampfers nun bei uns angelangt, so bat er mich, ich möchte doch einmal mit ihm nach dem Vorderteil des Dampfers hinfahren, um die Löcher, die der tadellose Schuß in die Wände seines Kartenhauses geschlagen hatte, zu besichtigen. Die Granate wäre ihm dicht an den Ohren und ebenfalls dicht neben dem am Ruder (Steuerrad des Schiffes) stehenden Matrosen vorbeigeflogen, ohne jedoch jemand zu verletzen. Da habe er sich bei so tadellosen Schießleistungen unsererseits doch gleich sagen müssen, daß es klüger wäre, nicht weiter die Flucht zu versuchen, weil der nächste Schuß ja schon zu leicht nicht nur wieder das Kartenhaus, sondern vielleicht ihn selbst oder seine Leute hätte treffen können. Er hielt sein Boot dann an unserer Bordwand fest, und wir fuhren zu unserem beiderseitigen Vergnügen mit nach vorne, um unseren guten Schuß zu bewundern. Einer der Schiffsoffiziere, dem einer meiner Leute zurief, daß sie froh sein könnten, nicht gleich durch einen Torpedoschuß versenkt und ertrunken zu sein, sagte darauf in dankbarer Anerkennung: „much better so!„ und wollte uns einen Schluck aus der natürlich in seinem Boote nicht fehlenden „Whisky-Buddel„

nehmen laſſen; daß wir hierfür jedoch dankten, brauche ich wohl nicht erſt zu erwähnen. Ringsum war bei klarſtem Wetter nichts weiter in Sicht, ſo konnten wir uns dieſen Spaß ſchon einmal gönnen, unſeren Schuß in Ruhe zu bewundern. Vorne angekommen zeigte uns der Kapitän die Schußlöcher, wobei er, mit ſeinen Leuten in die Hände klatſchend, immer wieder mit den Worten: „a very good shot!" auf die von unſerer Granate aufgeriſſenen Wände ſeines Kartenhauſes in der Mitte der Kommandobrücke hinwies. Ja, der Kapitän gratulierte uns gewiſſermaßen noch zu der Kaperung ſeines Schiffes, indem er ſagte, „ſein Dampfer ſei ſo wertvoll, daß wir wohl noch nie zuvor einen gleich guten Fang gemacht hätten". Dieſen Gedanken mußten wir ihm allerdings nehmen, denn zum Glück war vorher ſchon manche noch weit beſſere Priſe uns zum Opfer gefallen.

Das abſolut glatte Waſſer veranlaßte uns dann, Torpedos und Granaten zu ſparen und es mit kleinen Sprengbomben zu verſuchen.

Hierzu brauchten wir eins der engliſchen Beiboote, um ein Sprengkommando in dieſem Boote zu dem Dampfer hinüberrudern zu laſſen. Einen Teil der Engländer mußten wir während dieſer Zeit aus dem Boote ausſteigen laſſen und zu uns an Bord nehmen, um den nötigen Platz für unſer

Sprengkommando in dem englischen Boote zu schaffen, nur die zum Rudern nötigen Engländer ließen wir unter Führung eines Schiffsoffiziers in dem Boote zurückbleiben. Als letzterer gemerkt hatte, was wir beabsichtigten, erwachte auch in ihm der echte englische Sportsgeist. Sofort bat er, die Sprenggranate selber an dem Dampfer anbringen zu können, er wüßte die beste Stelle, wo das Schiff am verwundbarsten wäre und deshalb in kürzester Zeit versinken würde. Natürlich gestatteten wir ihm dieses Vergnügen nicht, denn auch uns war die Bauart derartiger Dampfer nicht unbekannt. Wir wußten alleine Bescheid, wo wir unsere Sprengbomben anzulegen hatten. In nicht allzulanger Zeit rissen sie in die Bordwand des schönen Dampfers „Crown of Castile" ein klaffendes Loch, durch das die Wassermassen gurgelnd in das Schiffsinnere hineinströmten. In hellen langen Streifen, sich weit über das Meer hinziehend, floß sodann der schöne gelbe Hafer aus dem gleichen Loche heraus, und weithin sichtbar zog er sich in goldig glitzernden Fäden über die Oberfläche des Meeres dahin. Noch lange, nachdem der Dampfer vollends von der Wasseroberfläche verschwunden war, legte der schöne auf den Wassern schwimmende Hafer Zeugnis ab von der wertvollen mit ihm in die Tiefe gesunkenen Ladung. Und ihr armen fran-

176

zösischen Armeepferde, eure Rationen sind euch
in der nächsten Zeit sicherlich etwas beschnitten
worden!

An der an Bord unseres Bootes stehenden
zirka vierzigköpfigen Besatzung konnten wir, wie
auch sonst stets schon an den in die Nähe kommenden Bootsbesatzungen, Studien machen über das
Menschenmaterial der jetzt auf englischen Schiffen
zur See fahrenden Seeleute.

Über die Hälfte aller Leute bestand aus Chi-
nesen, ein Teil waren Neger, dann folgten
mehrere sichtbar nicht seemännisch ausgebildete
Leute, die anscheinend nur zu Handlangerdiensten
verwandt werden konnten, und schließlich war
noch ein nur sehr geringer Teil wirklich guter Seeleute vorhanden, die zu den seemännischen Dienst-
leistungen benötigt wurden; ausgenommen natürlich die Schiffsoffiziere. Wenn auch schon im
Frieden fast alle größeren Handelsdampfer Chi-
nesen als Heizer und Angehörige anderer, billig
abzulohnender Völker an Bord hatten, so war
doch auffällig, daß scheinbar der gute alte englische Seemann, wenn er es irgend konnte, die gefährliche Seefahrt zur Kriegszeit fast ganz auf-
gegeben hatte.

Wir hatten den absoluten Mangel an see-
männischem Personal allerdings häufig auch
schon früher aus der oft gänzlich unseemännischen

Handhabung der Boote beim Zuwasserlassen wie auch bei dem späteren Rudern ersehen können.

Diese Beobachtung wurde mir persönlich auch später von Leuten bestätigt, die selbst zu Kriegszeiten noch auf englischen Schiffen gefahren waren. Auch sickerte ja manches durch Zeitungsnachrichten zu uns durch über Weigerungen von englischen Seeleuten, mit ihren Schiffen die gefahrvolle Fahrt durch das Kriegsgebiet anzutreten. Oft berichteten die Zeitungen über harte Bestrafungen, die englische Seeleute aus diesem Grunde nach dem strengen englischen Seemannsrechte erhalten hatten.

Selbst ungeahnt hohe Löhne konnten die englischen Seeleute nicht dazu verleiten, ihr Leben unnützen Gefahren auszusetzen, obwohl die Heuer (Lohn) der Seeleute enorm in die Höhe gestiegen war. Aus einer einem Dampfer abgenommenen Besatzungsliste ist mir z. B. noch in Erinnerung, daß Ende März 1915 die Chinesen-Heizer bereits ungefähr das Fünffache der üblichen Friedensheuer erhielten.

Englische Zeitungen brachten gelegentlich der Schilderung der Versenkung der „Crown of Castile" folgende, übrigens ganz niedlich erfundene Geschichte.

Ich sollte dem Kapitän oder einem der englischen Schiffsoffiziere im Augenblick des Versenkens des Schiffes, auf das sinkende Schiff hin-

178

weisend, höhnisch lachend die Worte zugerufen haben: „Britannia rules the waves." Er habe in dem Augenblicke dann keine bessere Antwort finden können, als daß er mir die bekannten Worte des englischen Premierministers zurückgegeben habe: „Wait and see!" (Abwarten!)

In einem weiteren Artikel mit der Überschrift „The pirate gives out cigars!" wurde dann noch des weiteren breitgetreten, daß wir der Besatzung nach der Versenkung Zigarren geschenkt hätten. Dieses letztere stimmte, da der mit dem Sprengkommando zu dem Dampfer gefahrene Offizier den Leuten, die ihn im Boote gerudert hatten, einige Zigarren für ihre Arbeit schenkte. Nötig war dieses ja natürlich nicht; immerhin hatte es in diesem besonderen Fall wohl eine gewisse Berechtigung. Übertrieben waren jedoch natürlich die Nachrichten, daß wir U-Boots-Kommandanten prinzipiell die Mannschaften versenkter feindlicher Schiffe mit Zigarren bedächten. Aber selbst wenn letzteres der Fall gewesen wäre, so wäre es auch aus den Situationen heraus zu verstehen. Manch anderer, der mit solchen Zigarrengeschenken durch uns nicht einverstanden sein sollte, würde wohl in derselben Lage auch nicht anders gehandelt haben.

Nachdem wir die Boote der „Crown of Castile" verlassen hatten, wollten wir endgültig den Rückweg nach Osten antreten. Bald sichteten wir auf unserem Kurse ein größeres Segelschiff, das wir schon von weitem als neutrales Schiff erkennen konnten. Wir hielten auf das Schiff zu, um es zur Aufnahme der Schiffbrüchigen des soeben versenkten Dampfers zu veranlassen. Ein sicherlich schlechtes Gewissen ließ aber auch diesen Segler bei meinem Sichten dazu verleiten, die Flucht zu versuchen. Selbstredend war es zwecklos; denn in kürzester Zeit waren wir bei ihm und bewogen ihn zum Beidrehen, um ihm in Ruhe unseren Wunsch mitzuteilen. Sichtlich war der übrigens gut Deutsch sprechende Kapitän darüber erfreut, daß wir ihn selbst erst gar nicht untersuchen wollten, und versprach daher sofort, die Boote aufzunehmen.

Ängstlich hörte jedoch die an Deck geeilte Frau des Schiffsführers unserer Unterhaltung, die ihr wohl unverständlich blieb, zu. Hierbei flatterten ihre Haare, da sie sich keine Kopfbedeckung in der Eile mehr aufgesetzt hatte, lustig im Winde hin und her, und bald entfernte sich unter schallendem Gelächter unserer Leute ein guter Teil ihres Haupthaares mitsamt einem schönen Zopfe und einem — falschen Wilhelm und schwamm weiter auf den Fluten dahin. Kaum hatte sich die erste Freude hierüber gelegt, als der auf dem Turme am Steuerruder stehende Matrose mit gänzlich

heiferer und anscheinend von Salz halb zuge=
klebter Stimme in die Worte ausbrach: „Die
Ollsche hat Angst!“, was natürlich einen weiteren
Heiterkeitsausbruch zur Folge hatte.

Ja, die Ollsche schien wirklich Angst zu haben, doch
bald konnten wir sie von dieser Angst befreien,
sobald wir den Segler hinter uns zurückließen, der
gleich darauf an sein Rettungswerk ging, wäh=
rend wir in Ruhe unseren Rückmarsch fortsetzten.

Von unserer an Ereignissen noch recht reichen
Rückfahrt kann ich jedoch vorläufig nichts weiter
erzählen.

Nur eins möchte ich zur Beruhigung noch mit=
teilen, nämlich, daß wir wieder einmal nach
französischen Zeitungsnachrichten durch ein tap=
feres Geschwader von sechs Fischdampfern im
Kanale vernichtet worden waren, worauf wir
dann jedoch trotzdem am nächsten Tage wohl=
behalten im Hafen von Ostende eintreffen konnten.

Freudig wurden wir hier wiederum von vielen
Kameraden der Armee und des Marinekorps
empfangen. Frohen Herzens konnten wir dann
für einige Ruhetage wieder unser Boot an er=
oberter deutscher Küste festmachen.

Wer es von unseren Kameraden zu Lande
konnte, kam zu uns an Bord, um uns zu be=
glückwünschen und sich von uns unsere Erleb=
nisse alles bis ins kleinste erzählen zu lassen.

Mit noch größerem Interesse ließen wir uns aber berichten von den inzwischen wieder errungenen weiteren herrlichen Siegen unserer braven Truppen.

Außer dem Besuche vieler hoher Offiziere von Armee und Marine wurde uns noch eine ganz besondere Ehre dadurch zuteil, daß Seine Königliche Hoheit der Kronprinz Rupprecht von Bayern, unter Führung des Kommandierenden Admirals des Marinekorps, zu einer Besichtigung unseres U=Bootes an Bord erschien, wobei er sich von mir einen eingehenden Bericht über unsere soeben zurückgelegte schöne Fahrt erstatten ließ.

Weitere Kriegserlebnisse

Verschiedene spätere Fahrten sollten uns dann im Laufe des Jahres wiederum in das Kriegs= gebiet führen und weiter gute Beute bringen.

Mitunter gab es, bei dem sonst sich ziemlich gleichmäßig wiederholenden Bilde des Versenkens von Handelsschiffen, doch kleine, nette Zwischenfälle.

Jetzt, in den ruhigen, windstillen, warmen Sommermonaten mit den langen klaren Nächten konnten wir eine größere Beute an feindlichen Handelsschiffen erwarten, als uns die noch rauhen Frühjahrsmonate mit ihren bekannten stürmischen Winden beschert hatten. Wir lasen bald von einer von Woche zu Woche gemehrten Anzahl vernichteter feindlicher Schiffe. Auch die Stück= zahl der im Zeitraum von einer Woche im Sommer versenkten feindlichen Dampfer und Handelsschiffe betrug öfter das Vier= bis Fünf= fache, oder noch mehr, gegen die gleiche Zeit in den Frühjahrsmonaten.

Herrlich war es, auf der glatten Flut des weiten Atlantischen Ozeans zur Sommerszeit mit dem U=Boote arbeiten zu können.

Es kam hinzu, daß die Verpflegung an Bord des U=Bootes sich wesentlich besserte durch die reichliche Zufuhr von frischen Fischen, die uns

183

deutsche oder neutrale Fischerfahrzeuge gern verkauften oder noch öfter — ob wir es annehmen wollten oder nicht — schenkten.

Die Sommermonate sind geradeso wie für uns auch für die Hochseefischer gewissermaßen die Saison-Monate, wenigstens für gewisse Fischarten.

Auf den bekannten Fischergründen wimmelt es zu dieser Zeit von Fischerfahrzeugen aller Art, die hier tage-, ja wochenlang vor ihren, bis zu tausend Meter langen oder gar noch größeren Netzen dem Fischfang obliegen.

Segelboote aller Größen und Arten wechseln hier in bunter Reihe mit den modernen Fischdampfern der neuerdings in fast allen Ländern vertretenen großen Fischereigesellschaften ab. So hört auch in der Hochseefischerei das Idyll der Segelfahrzeuge mehr und mehr auf, und auch die Selbständigkeit der kleinen Fischer, die mit ihren eigenen Segelbooten ihrem gefährlichen, aber schönen Handwerke nachgehen, droht mehr und mehr zu verschwinden.

Es vollzieht sich also auch in diesem Berufszweige der Übergang vom kleinen, selbständigen Handwerker zur Fabriktätigkeit.

Gerne wollten wir nun den angetroffenen Fischern etwas durch Abkauf von ihren Fängen zu verdienen geben. Noch lieber wollten wir allerdings, offen gestanden, in unseren kärglichen, nur wenig abwechslungsreichen Speisezettel, wenn es irgend ging, täglich einen Gang eben erst gefangener frischer Seefische einschieben.

Sobald es sich daher irgend machen ließ, wurde ein angetroffenes Fischerboot angehalten, und nachdem es untersucht und als unverdächtig festgestellt worden war, konnten wir zu allgemeiner Freude uns von den herrlichen, an Deck des Fischerbootes liegenden, noch zappelnden, kaum aus dem Wasser gezogenen Fischen die schönsten heraussuchen.

Diese frischen Seefische so unmittelbar nach dem Fangen zu essen ist ein Genuß, den keine der feinsten Küchen des Binnenlandes jemals zu bieten vermag. Unser aller Freude, wieder einem so leckeren Fischgericht entgegensehen zu können, war also wohl verständlich.

Doch nicht ganz allgemein war die Freude an Bord unseres Bootes bei jeder Übernahme einer neuen Fischladung! Einer wurde hierdurch jedesmal weniger angenehm berührt — unser Koch!

Man konnte es ihm nicht verdenken, denn wahrlich war es für ihn leichter, schnell ein schon zubereitetes Konservengericht in den elektrisch geheizten Kochöfen aufzuwärmen, als soeben erst gefangene, noch nicht ausgenommene Fische in den kleinen Kochgeschirren zuzubereiten.

Als echter Magdeburger Junge gab er hierbei denn auch des öfteren in den drastischsten

Bemerkungen feiner Stimmung Ausdruck. Eines Tages mußte er bereits zum zweiten Male eine Ladung frischer Fische in allen verfügbaren Eimern und fonst verwendbaren Gefäßen übernehmen. Sorgenvoll gedachte er dann der Unterbringung diefer Fischmengen im Boote und ihrer Zubereitung. Dann aber entrang fich ihm die Drohung: „Wenn nu aber noch fo een Kerl kommt und bringt wieder von die Fische an, denn fchieße ick aber."

Doch mit Unterstützung aller feiner Kameraden ging auch das Ausnehmen und Abschuppen der Fische schneller als gedacht von statten. Gern unterstützte ihn ein jeder und faßte willig mit zu. Es war ja mal wieder eine kleine Abwechs= lung in dem täglichen Einerlei des Lebens auf dem U=Boote, und derartige kleine Abwechslungen werden von jedermann an Bord mit Freuden begrüßt, felbst wenn der Koch zunächst etwas anders darüber denkt.

Eines Tages follte aber auch er nach dem An= halten eines neutralen Fischerbootes feine Freude haben. Schon war er an Deck bestellt und wartete ruhig und gefaßt mit feinen fämtlichen Fischeimern der Dinge, die da kommen follten. Als aber der alte, an Bord gekommene Fischer beteuerte, noch gar keine Fische gefangen zu haben, und es fehr bedauerte, uns vorläufig noch keine ablaffen zu können, da packte unfer

186

Koch voll innigster Freude mit schnellem Griff seine Eimer zusammen und verschwand mit dem Ausspruche: „Jott sei Dank, et jiebt doch auch noch vernünftige Menschen auf die Welt!" wieder unter Deck. Bald stand er dann mit freudiger Miene vor seinen Konserventöpfen und warf mit besonderer Freude und Genugtuung den Hammelkohl in das schon brodelnde Kochwasser hinein.

Unser alter Fischer aber, dessen Augen auch nicht mehr die besten schienen, da er unsere wehende Kriegsflagge nicht mehr richtig erkennen konnte und für die englische hielt, bat uns um die Erlaubnis, dicht unter der schottischen Küste fischen zu dürfen, da nach seinen früheren Erfahrungen der Fischfang sich dort besser lohne. Nur habe er es wegen des Krieges jetzt noch nicht gewagt. Gern stellte ich ihm eine Bescheinigung darüber aus, daß ich nichts dagegen hätte, worauf er dankend, schleunigst den Kurs auf Schottlands Küste aufnehmend, sich entfernte.

Gern hätten wir noch die erstaunten Augen des englischen Wachboots-Kapitäns gesehen, der ihn in den englischen Hoheitsgewässern mit unserem Fischerei-Erlaubnisschein gefaßt haben wird.

Rührend war es meist, bei den angehaltenen Fischern zu erleben, daß sie keine Bezahlung annehmen wollten, ja nicht selten boten sie uns dazu noch eine Flasche Schnaps als Geschenk an. In jedem Fischerboote ist ja ein ganz hübscher Vorrat davon zu finden.

Dankend lehnten wir das natürlich ab, denn wir hatten auf der Fahrt keine Verwendung dafür, und sie brauchten Schnaps zur Erwärmung in ihren Booten in den kalten Nächten und zum Zeitvertreib zwischendurch wohl auch an warmen Tagen. Sicherlich mit gutem Recht. Gar oft müssen sie wochenlang bei hoher See bei Sturm und Wetter aushalten, bis die Menge des erzielten Fanges die Rückfahrt verlohnt.

Es sollte mit der Ablehnung des so freundlich angebotenen Schnapses hier natürlich nicht gesagt werden, daß die vielen an uns gelangenden Liebesgabensendungen dieser und ähnlicher Art nicht etwa freudig von uns begrüßt und auch verbraucht werden. Nur alles zu seiner Zeit!

Ein besonders eigenartiges Dankesgeschenk erhielt kürzlich ein anderes U=Boot von dem Kapitän eines untersuchten neutralen Dampfers bei dessen Entlassung. Er schickte in einem seiner Boote ein lebendes fettes Schwein an Bord. Der U=Boots=Kommandant wollte es erst gar nicht annehmen, da er nicht recht wußte, was man mit dem Tiere anfangen sollte. Doch schnell hatte sich der Fall auch unten im Boote herumgesprochen, und binnen kurzem erschien daher auch

schon der Kopf des Koches in der Rundung der
geöffneten Turmluke, schon von weitem aus-
rufend: „Herr Kapitänleutnant, das Schwein muß
hier bleiben. Mein Kusin ist ja doch Schlachter
von Beruf! Daher verstehe ich mich auch auf
so'ne Sachen." Bald darauf wurden denn auch
schon die Schlachtmesser gewetzt und ein munteres
Schweineschlachten begann an Bord. Meines
Wissens das erste bisher auf einem U-Boote
abgehaltene Schlachtfest größeren Stiles. —

An einem ziemlich windigen August-Abend
hatten wir einen belgischen Dampfer, der von
Cardiff mit einer Kohlenladung kam, angehalten
und wollten, nachdem die Besatzung in beiden
Schiffsbooten das Schiff verlassen hatte, den
Dampfer durch Geschützfeuer versenken.

Schon klafften mehrere Schußlöcher in seiner
Bordwand, als ganz verwundert noch ein Mensch
an Deck des Dampfers erschien. Schnell übersah
er die für ihn gewiß nicht sehr angenehme Situation. In weiter Ferne schon trieben vor dem
Winde die Boote mit dem übrigen Teile der
Besatzung. Er aber saß mutterseelenallein auf
dem großen Dampfer, der sich schon leicht zur
Seite neigte, und neben seinem Dampfer lag
das böse deutsche U-Boot mit den auf ihn gerichteten geladenen Kanonen. Fürwahr keine sehr
angenehme Lage für den trauernd Hinterbliebenen.

Durch Zuruf aus allernächster Nähe versuchten
wir, ihn nun dazu zu bringen, mit einem Rettungs-
ringe über Bord zu springen. Wir wollten ihn
dann aufnehmen. Das erschien ihm aber doch
zu gefährlich. Ängstlich schaute er in das nasse
Wasser und die hochgehende See, um kurz entschlossen den Versuch, hineinzuspringen, doch wieder
aufzugeben. Alles weitere Zureden war vergeblich. Die Nacht drohte bald hereinzubrechen und
schnell mußte daher gehandelt werden.

Eine energische Drohung, daß wir sofort wieder
das Feuer eröffnen würden, wenn er nicht unverzüglich über Bord spränge, bewog ihn schließlich dazu. Mit zwei Rettungsringen versehen ließ
er sich an einem Drahtständer an der Windseite
des Dampfers in das Wasser hinuntergleiten.
Nun sollte in einigen aufregenden Momenten
etwas Komisches passieren. Noch langsam ar-
beitete die beim Stampfen des Schiffes häufig
aus dem Wasser herausschlagende Schiffsschraube
des Dampfers auf Vorwärtsgang.

Da plötzlich saugte die Schraube den mit den
Wogen kämpfenden Schwimmer an und zog ihn
tief in das Wasser hinunter. Es schien uns allen
klar, daß wir ihn aufgeben mußten. Doch siehe da,
in gar nicht langer Zeit erschien sein Kopf wieder
an der anderen Seite des Dampfers, dicht neben
dem ihn emporwerfenden Schraubenflügel. Die

langsam mit nur geringen Umdrehungen laufende Schraube hatte ihn angesaugt und sanft nach der anderen Schiffsseite hinübergeworfen. Das sollte seine Rettung sein, denn nun trieb er auf uns zu.

Doch noch lange währte das nicht ganz leichte Manöver des Auffischens des Schwimmers. Oft war er dicht an unserer Bordwand und konnte fast die zugeworfene Leine ergreifen, aber immer wieder riß ihn die starke See von unserer rettenden Schiffswand hinweg, bis dann endlich eine milde Welle ihn zu uns an Bord spülte. Zum Glück war er gänzlich unverletzt davongekommen und nach Anlegen trockener Kleidung und Einnahme mehrerer erwärmender Seemannsgetränke, die wir natürlich für ähnliche Fälle mitführen, schlief er bald den Schlaf des Gerechten. Vorher gab er dem Meere wieder alles, was er auf seiner nassen Überfahrt zu uns ohne eigenen Wunsch geschluckt hatte, zurück.

Einige gute Treffer in der Wasserlinie ließen dann auch den belgischen Dampfer „Koophandel" bald von der Bildfläche verschwinden.

Unser geretteter Freund, der jüngste Zuwachs unserer Besatzung, hatte sich nach einigen Stunden ruhigen Schlafes dann wieder so weit erholt, daß er uns seine Lebensgeschichte und den Grund seines Zurückbleibens an Bord des Dampfers erzählen konnte.

Er war ein gebürtiger Holländer aus Batavia, namens Adolphe H., und versah an Bord die Stelle eines dritten Maschinisten.

Der Kapitän hatte ihm, als wir den Dampfer anhielten, befohlen, unten an der Maschine zu bleiben, um sie weiter „langsame Fahrt voraus" laufen zu lassen, da er das Schiff so zum Niederlassen der Boote besser zum Winde halten konnte. — Ein ohne Fahrt treibender Dampfer legt sich bekanntlich quer zum Winde hin und dieses erschwert natürlich das gute Zuwasserkommen niedergelassener Schiffsboote, da diese von der querlaufenden See gegen die Bordwand geworfen werden und in Gefahr sind, so schließlich zerschlagen zu werden. — Der Kapitän wollte seinen dritten Maschinisten dann benachrichtigen, sobald es auch für ihn Zeit sei, in eins der zu Wasser gelassenen Boote zu steigen.

Dieses hatte er nun aus irgendeinem Grunde unterlassen oder vergessen, und erst eine neben dem Maschinenraume in die Bordwand des Dampfers einschlagende Granate hatte den Holländer an Deck stürzen lassen, wo sich dann die geschilderten Vorgänge abspielten.

Aufrichtig für seine Rettung dankend und nicht weniger aufrichtig auf seinen englischen Kapitän schimpfend, lebte sich unser „Adolph", wie ihn unsere Mannschaft nur nannte, sehr bald bei

192

uns an Bord ein. Wesentlich kam hierbei zu
statten, daß er leidlich gut die deutsche Sprache
beherrschte. Stolz trug er eine Marinemütze mit
dem Mützenbande „...Unterseeboots-Halbflottille".
Immer wieder zeigte er auf die Inschrift und
beteuerte mir dabei: „Das ist 'ne feine Sache,
Kapitän."

Da nun jeder Mensch bei großer Langerweile
gern Beschäftigung hat und wir ihn nicht anders
anstellen konnten, hatte er sich gar bald des
Kartoffelschälens erbarmt. Und zur größten Freude
unserer Leute nahm er ihnen dieses Geschäft, von
dem sich jeder Matrose, wenn er es irgend
machen kann, zu drücken versucht, während der
ganzen Rückreise ab.

So gut hatte er sich bei uns eingelebt und
an das U-Boots-Leben während seiner vierzehn-
tägigen Anwesenheit gewöhnt, daß er am liebsten
bei uns geblieben wäre. Selbst als ich ihn
später, im Hafen, dem holländischen Konsul über-
gab, versuchte er noch, durch Bitten zu erreichen,
daß ich ihn wenigstens für die Dauer des Krieges
an Bord behalten möchte.

Er schien es also auch schon für angenehmer zu
halten, während des Krieges auf einem U-Boote
als weiter auf Dampfern zur See zu fahren. —

Einen ähnlichen Fall wie den eben beschriebenen
sollten wir kurz darauf noch einmal erleben.

An einem Augustmorgen kam uns an der Südküste Irlands der englische Dampfer „Midland Queen", ein schönes neues Schiff, entgegen. Seine eigenartige Bauart verriet ihn schon von weitem als Öldampfer, allem Anscheine nach für die Versorgung der englischen Flotte bestimmt. Vernünftigerweise kam er unserer Signalaufforderung, beziehungsweise dem ersten Warnungsschusse, sofort durch Beidrehen nach.

Wir konnten der Besatzung daher reichlich Zeit zum Verlassen des Schiffes geben.

Dieses vollzog sich auch in vollster Ordnung, ohne jede Überstürzung. Wir selbst hatten keinerlei Veranlassung, auf allzu schnelles Vonbordgehen der Besatzung zu dringen, da bei spiegelglatter See und klarstem Horizonte weit und breit nichts von anderen Schiffen zu sehen war. Besonders lieb war uns dieses, weil wir sahen, daß auch eine Frau mit einem Säuglinge das eine Rettungsboot zu besteigen versuchte, was ihr nicht ganz leicht zu werden schien. Scheinbar handelte es sich um die Frau des Kapitäns.

Da sich nun alles an Bord des Dampfers soweit in absoluter Ruhe abgespielt hatte, waren wir späterhin durch den kleinen, jetzt zu schildernden Vorgang besonders überrascht.

Über eine Stunde lang hatten wir nämlich nach dem Absetzen der Boote von dem Dampfer

194

bereits in deſſen Nähe gelegen und ihm ver=
ſchiedene Schußlöcher mit unſeren Geſchützen bei=
gebracht. Doch nur langſam lief der Dampfer
voll, da die außerordentlich gut verſchalkten (durch
Deckel, Bretter und Bezüge nach oben abgedichteten)
Ladeluken keine Luft aus den ſo nur langſam
voll Waſſer laufenden Laderäumen entweichen
ließen. So mußten wir uns auf eine lange Zeit=
dauer bis zum völligen Verſinken des Schiffes
gefaßt machen.

Schließlich entſchloſſen wir uns, noch eine Gra=
nate zu opfern, um uns nicht allzu lange un=
nütz aufhalten zu laſſen. Krachend ſchlug ſie in
dem Vorderteile des Dampfers ein, in dem ſich
bei faſt allen Handelsſchiffen das Logis (Wohn=
raum der Mannſchaft) befindet, und in hellen
Strahlen ergoß ſich das Waſſer gleich darauf in
die Mannſchaftsräume.

Unmittelbar hierauf ſtürzte ein ziemlich wenig
bekleideter Neger, den die warme Auguſtſonne
aber ſcheinbar nicht vor Kälte erſtarren ließ, aus
dem Logis an Deck.

Staunend und verdutzt ſah er ſich um. Er
ſah ſchon in ziemlicher Entfernung von dem
Dampfer die beiden Schiffsboote mit ſeinen bis=
herigen Kollegen eifrig der Küſte zuſtreben. Er
ſah ſchon über das niedrige Ladedeck die Fluten
herüberſpülen und begriff, als er dann unſer

U=Boot auch noch von der anderen Seite des Dampfers mit den drohenden Kanonen liegen sah, blitzschnell das Peinliche seiner Lage. Denn alleine auf See auf einem großen Dampfer zu sitzen, der noch dazu nicht mehr lange über Wasser zu schwimmen verspricht, ist fürwahr kein allzu angenehmes Gefühl.

Immerhin kam ihm aber doch sogleich der Gedanke, sein Leben wenigstens so teuer als möglich zu verkaufen und es uns noch einmal ordentlich zu geben. Mit geballter Faust drohte er uns zu und sicherlich stieß er hierbei wohl auch noch einen schönen afrikanischen Fluch aus, den wir leider nicht verstehen konnten, weil wir nicht sämtliche Dialekte aller farbigen Engländer beherrschten.

Unbeschreiblich komisch wirkte diese Drohung des armen Negers in diesem brenzligen Augenblick.

Wir nahmen sie ihm daher auch nicht übel, sondern bedeuteten ihm, über Bord zu springen, um unser Boot schwimmend zu erreichen. Dieses schien ihm denn auch gar kein so ganz dummer Gedanke zu sein. Schnell holte er sich von der Kommandobrücke eine Schwimmweste. Schon bis zum Bauche mußte er im Wasser über das Lade= deck dorthin waten, dann aber ließ er sich an einem über Bord hängenden Taue in das Wasser hinab, um zu uns zu schwimmen.

Kaum aber kämpfte er so mit den Wogen, als sie ihm doch etwas zu naß vorkamen, weshalb er auf halbem Wege wieder kehrtmachte, um troß aller Zurufe unsererseits nochmals zu dem sinkenden Dampfer zurück zu schwimmen. Vielleicht wollte er die in der Eile an Bord vergessene Badehose noch abholen, vielleicht aber hatte er auch vor uns im letzten Augenblick wieder Angst bekommen.

Da der Dampfer inzwischen zusehends tiefer sank, war es klar, daß der Neger bei dem jeden Augenblick zu erwartenden Versinken mit heruntergerissen würde. Wir konnten uns auch nicht zu seiner Rettung näher an das sinkende Schiff heranwagen, und die beiden Boote des Dampfers, die wir, als wir den Neger bemerkt hatten, zurückgerufen hatten, waren noch zu weit entfernt.

Fast kerzengerade stellte sich „Midland Queen" bald darauf auf die Nase, um pfeifend und zischend für immer von der Meeresfläche zu verschwinden. Mit ihr wurde der bisher noch über Wasser sichtbare runde schwarze Kopf des Negers in die Fluten hinabgerissen.

Seine und unsere Bemühungen zur Erhaltung des Lebens dieses farbigen Engländers schienen also umsonst gewesen zu sein.

Wer aber beschreibt unser Erstaunen, als plötzlich der ganze Körper des Negers, der an allen

Gliedern zappelte, meterhoch aus dem Wasser nach einiger Zeit wieder herausschoß.

Erst unten im Wasser waren anscheinend die letzten Ladeluken des Dampfers von dem immer höher steigenden Drucke des Wassers gesprungen. Die hierdurch freiwerdende Luft aus dem Laderaume schoß mit großer Fahrt nach oben, alles, was nicht niet- und nagelfest an Deck des Dampfers war, mit sich reißend, Bretter, Fässer und ähnliche schwimmbare Gegenstände, wie auch unseren Neger.

Die unfreiwillige Tauchfahrt schien ihm dabei, den Verhältnissen entsprechend, gut bekommen zu sein, da er sofort wieder seine Schwimmbewegungen aufnahm.

Wir übergaben ihn dann einem der herbeigeholten englischen Rettungsboote.

Mächtig um sich spuckend und laut schimpfend über seine Kollegen, die ihn so niederträchtig an Bord zurückgelassen hatten, ließ er sich dann von seinen weißen Landsleuten in das Boot hineinziehen, in dem die Auseinandersetzungen noch eine Zeitlang gedauert haben mögen. —

Auf der Rückreise von einer schönen Sommerfahrt strebten wir eines Tages bei Morgengrauen in der Nordsee der deutschen Küste zu, deren ersten Hafen wir gegen Mittag erreichen konnten.

Nachdem wir tags zuvor, auch während der Nacht durch viele Fischerfahrzeuge hindurchgefahren waren und eine Menge von ihnen bei der Untersuchung einwandfrei als neutrale oder deutsche festgestellt hatten, ging ich bei Hellwerden unter Deck, um mich für kurze Zeit etwas auszuruhen, da hierzu in den letzten Tagen kaum Gelegenheit war.

Dem wachhabenden Offizier erteilte ich den Befehl, von nun an von einer weiteren Untersuchung der Fischerfahrzeuge abzusehen und sich nicht mehr unnütz um sie zu bekümmern, da jetzt bei der immer weiteren Annäherung an die deutsche Küste doch nur noch unverdächtige Fahrzeuge zu erwarten wären.

Kaum aber hatte ich mich unten zur Ruhe niedergelegt, als der Wachoffizier mir bereits die Meldung zukommen ließ, daß ein verdächtiges Segelboot mit großer Flagge im Topp des Mastes in einiger Entfernung gesichtet sei. An Deck wären viele Menschen zu sehen.

Wohl oder übel mußte ich nach oben gehen.

Tatsächlich machte der Segler einen verdächtigen Eindruck; denn Kopf an Kopf standen auf ihm viele Leute nebeneinander, oder saßen sogar in einer Takelage.

Mit geladenen Kanonen fuhren wir daher zur näheren Untersuchung an das Segelboot heran. Wenn wir auch nicht befürchteten, daß auf diesem

Boote etwa die hunderttausend Engländer säßen, die nach früheren Verlautbarungen im Kriege nach einer Landung durch Schleswig-Holstein in das Innere unseres deutschen Vaterlandes spazieren sollten, so ist doch im Seekriege stets Vorsicht geboten. Wir wären daher so in der Lage gewesen, bei dem ersten unfreundlichen Benehmen dem Segler sofort einen warmen Willkommensgruß an deutscher Küste mit unseren Geschützen entgegenzusenden.

Als wir näher kamen, konnten wir mit unseren scharfen Doppelgläsern deutlich erkennen, daß oben von der Spitze des Mastes jemand mit großen Tüchern oder Flaggen uns zuwinkte. Aha! dachten wir darum sogleich, das ist sicherlich eine für uns beabsichtigte Falle. Wir paßten daher doppelt nach allen Seiten auf, um uns nicht auf den Leim locken zu lassen.

Die im Maste des Seglers gehißte außergewöhnlich große schwedische Nationalflagge schien auch nach bekannten Vorgängen nicht ohne weiteres die Unverdächtigkeit des Fahrzeuges zu beweisen. Es hieß daher, bis zum letzten Augenblicke gut auf der Hut zu sein, damit uns nicht etwa der Torpedo eines in der Nähe versteckt lauernden feindlichen U-Bootes träfe.

Als wir nun auf Signalverkehr-Weite herangekommen waren, konnten wir deutlicher erkennen, daß der im Maste hängende Mann versuchte, uns ein Winkersignal in den bekannten Winkspruch-Buchstaben, die durch verschiedene Armstellungen gebildet werden, zu übermitteln.

Nicht lange darauf kam auch die Meldung eines Unteroffizieres zu mir: „Herr Kapitänleutnant, das Signal von dem Fischerboot bedeutet: Kommandant an Kommandant, ich freue mich sehr, Sie hier begrüßen zu können!" Also schien das Fahrzeug doppelt verdächtig. Vielleicht wollte man uns ganz arglos machen durch dieses leicht nachzuahmende Winkersignal und uns so in die allernächste Nähe des Fahrzeuges locken.

Zunächst ließ ich das Signal noch einmal wiederholen, die Antwort lautete jedoch ebenso wie das erstemal.

Da wir nun auch schon so nahe gekommen waren, daß wir erkennen konnten, daß unmöglich außer den gepreßt nebeneinander stehenden Leuten noch etwa verborgene Geschütze an Deck des Seglers stehen konnten, fragten wir durch Signal an: „Mit wem haben wir denn eigentlich die Ehre?" Als Antwort kam sofort zurück: „Hier ist die gerettete Besatzung des versenkten deutschen Hilfskreuzers ‚Meteor'!" Nun aber freuten die da drüben sich nicht mehr allein! Auch bei uns war die Freude groß, schiffbrüchige Kameraden angetroffen zu haben.

Mit höchster Fahrt fuhren wir in die allernächste Nähe des Segelbootes, um alles weitere mündlich durch Zuruf abzumachen. Sovoiel war uns selbstverständlich gleich klar, daß wir unseren Kameraden einen kleinen Liebesdienst erweisen konnten.

Schon konnten wir die Gesichter des uns wohlbekannten Kommandanten und der übrigen Offiziere erkennen und winkten uns freudig zu. Nunmehr schwand auch unser allerletzter Argwohn zu unserer Freude. Nur unsere Geschützführer waren traurig, sie hätten gar zu gerne noch die letzten drei Granaten auf einen Feind verschossen.

In Rufweite angekommen, tauschten wir kurz unsere Erlebnisse aus. Als wir hierbei erfuhren, daß unser „Meteor" nach kühner glücklicher Ausführung anderer Aufgaben noch einen englischen Hilfskreuzer versenkt hatte und dann, von gewaltiger englischer Übermacht verfolgt, seinen kleinen Dampfer, fast vor den Augen verfolgender englischer Kreuzer, kurz entschlossen versenkt und die gesamte Besatzung bis auf den letzten Mann glücklich und unversehrt auf das längsseit gerufene schwedische Fischerboot gerettet hatte, da erschollen so kräftig, wie wir es konnten, unsere dreifachen Hurras auf unsere geretteten Kameraden von S.M.S. „Meteor" und ihre Taten über das weite Wasser der Nordsee.

Auch wir mußten natürlich gleich erzählen, woher wir kamen, und als wir ihnen dann auch von unserer schönen Beute auf der soeben beendeten Fahrt Mitteilung gemacht hatten, schallten ihre Hurrarufe auf unser Boot zu uns in gleicher Weise zurück.

Dann ging es an die Arbeit. Vor allem hieß es, den ermüdeten und hungrigen Kameraden schnell etwas zu essen zu verschaffen und sie möglichst bald an Land zu bringen.

Unsere eigenen, nur noch knappen Proviantvorräte hätten jedoch kaum eine Einladung von hundertfünfzig Gästen zu einer Mittagsmahlzeit gestattet, auch wurde dieses dankend von ihnen abgelehnt, da sie „noch etwas Hartbrot" an Bord hätten. Viel lieber wollten sie möglichst rasch an Land, um dort verpflegt zu werden. Dies war auch das Richtigere, denn je länger wir uns noch auf See aufhielten, desto größer war die Möglichkeit, daß die noch nach dem versenkten „Meteor" suchenden englischen Streitkräfte uns begegneten.

Es herrschte absolute Windstille, sodaß das Segelboot noch unberechenbare Zeit auf See hätte herumtreiben müssen, bevor es ihm möglich geworden wäre, irgend einen Hafen zu erreichen, dann aber hätten die schon ziemlich ausgehungerten Leute sehr unter Hunger zu leiden gehabt.

Bei uns an Bord konnten wir unmöglich die hundertfünfzig Passagiere aufnehmen, es blieb also nichts anderes übrig, als den Segler ins Schlepptau zu nehmen, um so zu versuchen, möglichst schnell einen deutschen Hafen erreichen zu können.

Nachdem die Schlepptrosse dann beide Schiffe verband, fuhren wir in schnellster Fahrt der deutschen Küste zu.

Viele unvergeßliche und komische Bilder spielten sich nun noch unterwegs ab, als einzelne Leute von beiden Fahrzeugen sich gegenseitig als alte Bekannte und Freunde erkannten. Manch scherzhafte Bemerkung flog dabei von Boot zu Boot herüber:

„Mensch, hast du dir verändert!" rief einer unserer Unteroffiziere einem Kameraden des „Meteor" zu, der mit schöner, dicker, warmer, wollener schwedischer Matrosenmütze mit rotbrauner Klunker darauf sich die Sonne auf den Kopf scheinen ließ. Doch dieser gab es ihm schlagfertig wieder, indem er zurückrief: „Na, Heinrich, in dem Kostüm kannst du aber auch nicht auf ein Tanzvergnügen gehen!" So sahen unsere Leute nach der mehrwöchigen Fahrt allerdings nicht aus, als ob sie gleich auf ein Tanzvergnügen gehen wollten. Sie hätten in ihrem Aufzuge sicherlich bei der „Damenwahl" sehr schlechte Geschäfte gemacht.

204

Eine andere nette Antwort gab ein Offizier des „Meteor" einem ihm befreundeten Offizier von uns auf dessen Frage zurück, was er eigentlich auf dem Fischerboot für eine Stellung einnähme: „Ich bin hier an Bord Funkentelegraphie-Offizier."

In munterer Fahrt, bei prächtigem, ruhigem Wetter und hellstem Sonnenscheine fuhren wir dann, alle sichtbar froh in dem Gedanken, in kurzer Zeit wieder heimischen Boden betreten zu können, der deutschen Küste zu.

Rasselnd fielen dann zur Mittagszeit unsere beiden Anker in den Grund des glücklich erreichten Hafens.

Schiffsuntergänge und Schiffshebungen

Im Laufe des Krieges haben wir Gelegenheit gehabt, dem Untergange von Schiffen der verschiedensten Größen und Bauarten zuzuschauen.

Meist hat es nicht lange gedauert, bis ein Schiff, nachdem es eine tödliche Wunde erhalten hatte, auch völlig versunken war.

Selbst große Dampfer haben wir des öfteren schon nach vier, sieben oder zehn Minuten nach der Explosion des Torpedoschusses oder nach dem Einschlagen einer Granate in oder unter ihrer Wasserlinie nicht mehr an der Oberfläche des Wassers gesehen. Andere wiederum schwammen noch viele Stunden lang, bis auch sie auf den Grund des Meeres hinabgezogen wurden.

Es ist klar, daß die Zeit des Versinkens eines Dampfers nach der erhaltenen Schußverletzung wesentlich von seiner inneren Schotteinteilung, der Einteilung in die verschiedenen, wasserdicht voneinander abgeschlossenen einzelnen Räume des Schiffes, abhängt.

Bei modernen Kriegsschiffen ist diese Einteilung in viele kleine wasserdichte Räume, besonders bei den allerneuesten großen Schiffen, in sehr weitgehendem Maße durchgeführt. Das Kriegsschiff muß nämlich imstande sein, selbst nach dem Volllaufen mehrerer dieser wasserdicht voneinander getrennten Räume, noch weiter kämpfen zu können.

Das Handelsschiff hat dagegen die wasserdichte Unterteilung seiner inneren Räume in der Hauptsache nur dazu nötig, bei Verletzungen des Schiffsbodens infolge von Grundberührungen, oder bei Verletzungen seiner Seitenwände infolge von Zusammenstößen mit anderen Schiffen, Eisbergen oder dergleichen sich noch schwimmfähig zu erhalten und die eindringenden Wassermassen eben so weit zu beschränken, wie es für diesen Zweck nötig ist. Ein etwas tieferes Eintauchen und vor allem ein Überliegen des Schiffes nach einer Seite infolge hier eingedrungenen Wassers kann ein Handelsschiff schon viel eher als ein Kriegsschiff in den Kauf nehmen, wenn es nur nicht so stark wird, daß etwa das sichere Erreichen des Hafens in Frage gestellt wird. Ein stark überliegendes Kriegsschiff ist dagegen im Kampfe schon sehr im Gebrauche seiner Geschütze behindert, deren Bedienung in der schrägen Lage erklärlicherweise sehr erschwert wird; abgesehen von diesen für die Dauer des Gefechtes sehr ungünstigen Einwirkungen bei zu großem Wassereinbruche an einer Stelle, muß das moderne Kriegsschiff aber auch eine größere Anzahl von Schußverletzungen unter Wasser vertragen können, ohne zu versinken. Außerdem erfordert der hohe

Wert eines großen Schlachtschiffes natürlich auch schon an und für sich die Bedingung eines möglichst weitgehenden Unterwasserschutzes durch Unterteilung der Innenräume. Für die wertvollen großen Schnelldampfer, deren Baukosten auch gewaltige Summen erfordern, tritt diese Forderung in ähnlichem Maße auf. Wir finden daher auch bei diesen wertvollen Schiffen eine ähnliche wasserdichte Inneneinteilung wie bei den großen Kriegsschiffen. Die Baukosten des versenkten englischen Riesendampfers „Lusitania" betrugen z. B. fünfunddreißig Millionen Mark, während die Kosten der neuesten Riesenschiffe unserer Hamburg-Amerika-Linie, „Imperator", „Vaterland" und „Bismarck", noch weit höhere gewesen sein sollen.

Der gewöhnliche Handelsdampfer hat nun außerdem, oft nur unter den größten Innenräumen des Schiffes vorhandenen doppelten Schiffsboden nur quer durch das Schiff gezogene Schotten, die von einer Bordwand zur anderen gehen und so das Schiff in einige größere Abteilungen teilen. Der Höhe nach kommen an einigen Stellen noch die verschiedenen Wohndecks als Unterteilung in Frage. Diese sind aber meist nicht wasserdicht von den darunter oder darüber liegenden Decks abgeteilt, so daß das vorher erwähnte eigentliche Querschott die einzige wasserdichte Trennung der

208

Schiffsräume bildet. In den großen Laderäumen fallen diese Decks nun überhaupt meist weg, so daß hier gewaltige Räume von Schiffsseite zu Schiffsseite, oft in der ganzen Höhe des Dampfers bestehen. Dieses ist für ein schnelles und bequemes Beladen und Entladen der Frachtschiffe auch erforderlich. Eine besondere wasserdichte Abschottung haben auf derartigen Frachtdampfern dann nur noch die Maschinen= und die Heizräume aufzuweisen sowie die meist um die Maschine oder die Heizräume herumgelegten Kohlenbunker, die dadurch bei Verletzungen an diesen Stellen die Maschinen= oder Kesselräume vor dem Vollaufen bewahren sollen.

Wer jemals nun in so einen gewaltigen Laderaum eines Dampfers hinabgeschaut hat, wird es ohne weiteres verstehen, daß der Dampfer, sobald dieser Raum vorne oder hinten voll Wasser gelaufen ist, sich nach dem vollgelaufenen Schiffsende überlegen muß, während das andere Schiffsende sich höher aus dem Wasser hervorhebt.

Dieses sind denn auch die bei weitem am häufigsten zu beobachtenden Arten der Schiffsuntergänge. Mächtig strecken oft selbst die größten Schiffe ihr Vorder= oder Hinterteil kurz vor dem Versinken aus dem Wasser in die freie Luft hinaus, fast kerzengerade sich aufrichtend, bis dann das immer stärker in die eingetauchten Schiffs=

räume eindringende Seewasser sie mehr und mehr hinunterzieht. Schneller und schneller sackt dann das Schiff herunter, um schließlich mit mächtiger Fahrt in die Tiefe zu sausen. Oft haben wir es beobachten können, daß hierbei die Luft aus allen möglichen Löchern der sich nunmehr auch mit Wasser füllenden, bisher noch leeren Räume herausgedrückt wird mit laut pfeifendem Geräusche, das mit den schrillen Lauten einer Dampfsirene zu verwechseln ist. Prächtig ist dieses Schauspiel jedesmal wieder.

Die Schnelligkeit, mit der ein Schiff beim Volllaufen eines Laderaumes versinkt, hängt natürlich außer von der Größe des Laderaumes auch von dessen Abstande von dem Schwerpunkte des Schiffes ab. Es ist klar, daß eine Wassermasse auf das Niederziehen des Schiffes stärker wirken muß, wenn sie nahe den Schiffsenden angreift, als wenn sie näher an dem ungefähr in der Mitte des Schiffes angenommenen Schwerpunkt in das Schiff eingedrungen sein sollte.

Nun haben wir es auf See aber nur selten mit Schiffen mit leeren Laderäumen zu tun. Meist werden diese völlig oder doch möglichst weit mit den verschiedensten Gütern angefüllt sein. Es kann dann also eigentlich nur so viel Wasser in das Schiff eindringen, wie außer der Ladung noch Platz, noch Luft vorhanden ist.

Diese vorhandene Luft, die entweder bei nicht ganz vollen Laderäumen oben über der verstauten Ladung vorhanden sein mag, oder die dem Wasser Zutritt zwischen die einzelnen Ballen, Kisten und anderen Packgefäße gestatten mag, muß aber nach irgendwohin entweichen, bevor das Wasser in größeren Mengen nachströmen kann. Wir wollen bei dieser Betrachtung davon absehen, daß gewisse Arten von Ladungen wie Wolle, Getreide und andere auch bis zu einem gewissen Grade eindringendes Wasser aufzusaugen imstande sind.

Die Luft muß also aus vorhandenen Löchern nach außen entweichen können, oder es kann nur so lange Wasser nachströmen, bis das eingedrungene Wasser die Luft in dem Schiffsraume so weit zusammengedrückt hat, daß der Druck, mit dem das Wasser von unten einströmt, dem Luftdrucke im Schiffsraume gleicht.

Es ist denkbar, daß ein Laderaum so gut nach außen abgedichtet ist, daß keine Luft aus ihm heraustreten kann, wenn es in der Praxis wohl auch kaum vorkommen dürfte. Häufig sind jedoch die vorhandenen Luftentweichungslöcher in ihrem Querschnitte so gering, daß die Luft nur sehr langsam aus ihnen entweicht und das Wasser demgemäß auch nur äußerst langsam nachströmen kann. Das Sinken eines Schiffes würde unter diesen Umständen immer recht lange dauern. Dieses sonst wohl sehr erwünschte langsame Wegsacken eines verletzten Schiffes ist uns im Kriege bei feindlichen Schiffen natürlich ganz und gar nicht angenehm. Denn erstens hält uns da das Abwarten des Versinkens solcher Schiffe zu lange auf, während wir sonst vielleicht schon weiter arbeiten könnten, und zweitens wäre es immerhin denkbar, daß andere Schiffe dem sinkenden Fahrzeuge noch Hilfe brächten.

Es empfahl sich immer, wenn man es konnte, oben in die Ladeluken große Löcher mit Äxten hineinzuschlagen, falls man die Lukendeckel nicht schnell ganz entfernen konnte, oder, sofern es die Umstände nicht anders erlaubten, auch noch einige Löcher in die oberen Teile des Dampfers oberhalb des Laderaumes mit einer Kanone hineinzuschießen, damit die Luft bequem entweichen konnte und das Wasser dann möglichst schnell nachzuströmen imstande war. Dieses Mittel haben wir jedenfalls bei vielen Dampfern, die nicht schnell genug sinken wollten, mit sehr gutem Erfolge angewandt.

Nun kommt es aber auch häufig vor, daß ein Schiff eine schwimmfähige Ladung hat, die auch kein Wasser schnell in größeren Mengen in sich aufsaugt, z. B. Holz. In diesem Falle ist ein Schiff durch Eintritt von Wasser nur in den

Laderaum überhaupt nicht zu versenken. Das Schiff schwimmt so gewissermaßen auf seiner Ladung. Man muß dann in die Maschine und die Kesselräume oder sonstige Räume vorne und hinten, die diese schwimmfähige Ladung nicht enthalten, Wasser eindringen lassen, um das Schiff überhaupt zum Sinken zu bringen.

Da man nun oft nicht weiß, ob ein Schiff derartige schwimmfähige Ladung an Bord hat, ist es von vorneherein in allen Fällen am besten, es gleich auf das Vollaufen der großen Maschinenräume abzusehen, nach deren Füllung mit Wasser ein beladener Dampfer sich nur noch in den allerseltensten Fällen schwimmfähig erhalten kann.

Kriegsschiffe haben nun meistens außer den quer durch das Schiff gehenden Schotten auch noch sogenannte Längsschotte, die wenigstens in der Mitte des Schiffes dieses der ganzen Länge nach in zwei Hälften teilen, oder sogar noch mehrere weitere Schotte in der Längsrichtung des Schiffes, die die beiden Längshälften wiederum in Unterabteilungen trennen.

Bei Handelsschiffen ist diese Unterteilung durch Längsschotte, wieder abgesehen von den großen Schnell- und Passagierschiffen, viel seltener durchgeführt.

Immerhin haben wir auch einige Schiffe erlebt, bei denen dieses der Fall war.

Das Sinken derartig getrennter Schiffe vollzieht sich nun, wie leicht zu verstehen ist, in der Weise, daß das Schiff sich mehr und mehr auf die Seite legt, an der das Wasser eindringt, bis es schließlich ganz auf die Seite fällt und mit dem Kiele (untersten Teil des Schiffes) nach oben zeigend versinkt. Ein Schiffsuntergang auf diese Weise wird in der Seemannssprache als Kentern bezeichnet.

Alle übrigen Verhältnisse bei dieser Art des Versinkens eines Schiffes sind natürlich die gleichen wie bei der vorher beschriebenen Art des Wegsackens über den Bug oder das Heck. Selbstredend gibt es auch noch Mittelfälle, bei denen sich ein Schiff nach hinten oder vorne, unter gleichzeitigem Legen auf eine Seite senkt.

Der außerdem noch theoretisch denkbare Fall, daß ein Schiff auf parallelem Kiele einfach horizontal immer tiefer und tiefer sinkt, bis es ganz unter Wasser verschwindet, kommt in der Praxis nicht vor.

Hierzu müßten schon vor und hinter dem Schwerpunkte des Schiffes absolut gleich große Wassermassen in derselben Zeit und in dem gleichen Abstande von dem Schwerpunkte in das Schiff eindringen. Die kleinsten Verschiebungen hätten hierbei aber schon den ausschlaggebenden Erfolg des Tiefertauchens einer Seite oder eines Endes des Schiffes. Sobald dieses aber eingetreten wäre, würde das Wasser in die auch nur etwas tiefer eintauchende Stelle des Schiffes immer schneller und schneller eindringen, da die Einbruchsstelle des Wassers tiefer unter Wasser kommt als die Einbruchsstelle auf der anderen entsprechenden Seite von dem Schwerpunkte des Schiffes. Je tiefer eine Wassereinbruchsstelle aber unter der Oberfläche des Wassers liegt, desto schneller muß das Wasser hier einströmen, da der Druck der über ihr lastenden Wassersäule ein höherer geworden ist.

Einen Punkt möchte ich hierbei noch kurz streifen. In Seeromanen wird häufig von dem gefährlichen Strudel gesprochen, der sich über einem sinkenden Schiffe bildet und alles in seiner Nähe mit sich hinunterzieht. Dieses ist natürlich sehr übertrieben. Wohl können einzelne schwimmende Menschen von den Wasserwirbeln, die sich bei dem Wegsacken von Schiffen bilden, mit hinabgerissen werden. Für einigermaßen seetüchtige und richtig gehandhabte Rettungsboote besteht meines Erachtens aber kaum jemals eine Gefahr durch diesen Strudel.

Ich möchte glauben, daß infolge dieser vielverbreiteten, auch bei einer großen Anzahl von alten Seeleuten vorhandenen, zum mindesten übertriebenen Angst vor diesen Strudeln schon oft ein Rettungsboot zu früh von dem sinkenden

Schiffe abgestoßen ist und manches Menschen=
leben so verloren ging, zu dessen Rettung wohl
noch Zeit und Gelegenheit gewesen wäre.

Schon häufig ist jetzt die Frage aufgeworfen
worden, ob es wohl möglich sein wird, alle oder
einen Teil der im Laufe des Krieges versenkten
Schiffe wieder zu heben.

Die Möglichkeit des Hebens eines gesunkenen
Schiffes hängt in erster Linie davon ab, ob die
Wassertiefe, auf der das Schiff liegt, den Tau=
chern noch Arbeiten auf dem Grunde gestattet.

Schon früher wurde kurz erwähnt, daß der
Druck des Wassers von zehn zu zehn Meter
größerer Tiefe um eine Atmosphäre (ein Kilo=
gramm pro Quadratzentimeter) zunimmt. Wäh=
rend der Taucher also auf zehn Meter Wasser=
tiefe unter einem Überdrucke von nur einer
Atmosphäre arbeitet, hat er auf zwanzig Meter
schon zwei Atmosphären, auf dreißig bis drei,
vierzig bis vier und in fünfzig Metern Wasser=
tiefe schon unter dem gewaltigen Überdrucke von
fünf Atmosphären zu arbeiten!

Dieses darf wohl ungefähr als die größte
Tiefe bezeichnet werden, auf der bisher Taucher
überhaupt gearbeitet haben. Wenn auch Tau=
cher manchmal noch einige Meter tiefer hin=
unterstiegen (sechzig Meter Tiefe ist aber meines
Wissens noch von keinem Taucher der Welt

bisher nennenswert überschritten worden), so spielt das praktisch keine Rolle, da auf Tiefen zwischen vierzig und fünfzig Meter selbst die besten Taucher kaum noch imstande sind, schwere Arbeiten zu verrichten. Auch können sie sich kaum länger als höchstens bis zu ungefähr einer halben Stunde Zeitdauer auf dieser großen Tiefen aufhalten. Das Tauchen auf Tiefen über vierzig Meter stellt daher schon immer eine ganz besondere tauchtechnische Leistung dar, die nur hervorragende Taucher überhaupt ausführen können. Die meisten Taucher werden auf diesen Tiefen also auch nur leichte Arbeiten für kurze Zeit verrichten können. Die schweren für das Anbringen von Hebeketten erforderlichen Arbeiten werden auf derartig großen Wassertiefen nur in den allerseltensten Ausnahmefällen, unter den denkbar günstigsten Nebenumständen vorgenommen werden können. Schiffshebungen auf Tiefen über dreißig Meter müssen schon als sehr gute Leistungen angesprochen werden, wohingegen Hebungen unter dreißig Meter Wassertiefe wohl von den Bergungsgesellschaften, falls nicht gerade allzu ungünstige Strom- oder Grundverhältnisse vorliegen sollten, im allgemeinen übernommen werden dürften und auch Erfolg versprechen.

Es ist einleuchtend, daß ein starker Strom dem Taucher bei seiner Arbeit sehr hinderlich

ist und unter Umständen sogar jegliche Tauch=
arbeit unmöglich macht, da dann der Taucher
schon alle Mühe hat, sich überhaupt in dem
Strome auf der Stelle zu halten, wo er arbeiten
muß. In der offenen See wechselt die Strom=
richtung bei dem Übergange von der Ebbe zur
Flut und umgekehrt ab. Ungefähr zur Zeit dieses
Wechsels der Stromrichtung — dem Kentern des
Stromes — herrscht die geringste Stromstärke,
die theoretisch für einen Augenblick auf „Null",
auf ein absolutes Stillstehen des strömenden
Wassers hinauslaufen muß. Um diese Zeiten
herum muß der Taucher also bei vorhandenem
Strome versuchen, seine Arbeit auszuführen.

Vielfach wird nun mit dem Strome viel
Sand auf dem Grunde des Meeres mit fort=
gerissen. Besonders an den hervorragenden Tei=
len eines versunkenen Schiffes wird bald durch
die infolge des Stromes einsetzende Kreisel=
bildung im Wasser der Sand des Grundes
aufgewühlt und hüllt dann das Schiff derartig
ein, daß die Arbeit des Tauchers sehr erschwert
oder gar unmöglich wird. In solchen Fällen
wird man von einer Bergung des Schiffes Ab=
stand nehmen müssen. Das Schiff versandet.

Nun liegen nach meiner Schätzung mindestens
achtzig Prozent aller versenkten feindlichen Schiffe
auf Tiefen über fünfzig Meter, ja bis zu vielen

218

Hunderten von Metern und darüber hinaus, so daß deren Hebung von vornherein ausgeschlossen ist.

Da die tiefstgehenden Schiffe heutzutage einen Tiefgang von noch nicht zehn Meter haben, würden also alle versenkten Schiffe, die mit ihren höchsten Stellen mehr als zehn Meter unter der Oberfläche des Wassers liegen, beiläufig keinerlei Gefahr für die friedliche Schifffahrt bedeuten können.

Von den übrigen zwanzig Prozent, auf Tiefen unter fünfzig Meter liegenden Schiffen mögen wieder die Hälfte, zehn Prozent, noch so liegen, daß auch bei ihnen eine Hebung keinen Erfolg versprechen oder die hohen Kosten nicht verlohnen würde, falls man überhaupt die meist unbekannte Liegestelle gefunden haben sollte.

Von den verbleibenden zehn Prozent liegt sicher ein großer Teil, z. B. so ziemlich alle im Kanale versenkten Schiffe, in Gegenden, wo sie schnell stark versanden und auch der starke Strom Taucherarbeiten ziemlich ausschließt. Zumal, da diese Arbeiten hier im Kriege wohl kaum in Angriff genommen werden können, kommt eine Hebung dieser Schiffe also auch nicht in Frage; nach dem Kriege sind sie aber sicher lange versandet.

Möglich wäre es dagegen wohl, daß ein oder das andere Schiff gehoben wird, das an der englischen Ostküste versunken ist, wo die Wassertiefen geringer und die Stromverhältnisse für Taucherarbeiten bedeutend günstigere sind als in den stark strö= menden Gewässern an der englischen Südküste.

Immerhin liegen aber hier nur die weniger kostbaren kleineren Schiffe, und es muß sehr be= zweifelt werden, ob deren Hebung die Bergekosten verlohnen würde, besonders, da es zum mindesten sehr fraglich ist, ob die Art ihrer Verletzung durch Torpedoschuß oder Minen den Schiffen noch eine derartige Festigkeit gelassen haben wird, daß sie beim Heben nicht auseinanderbrechen.

Es wird wohl kaum mit der Hebung irgend eines im Kriege versenkten feindlichen Schiffes zu rechnen sein.

Das Meer wird also wohl so ziemlich alle die Schiffe behalten, die es im Laufe des Völker= ringens verschlungen hat. — —

Schlußwort

Die vorstehenden Zeilen sollten und konnten
nicht bezwecken, eine genaue Beschreibung
und Handhabung unserer U-Boote zu geben.

Hierüber ist verschiedentlich schon vieles in
die Öffentlichkeit gedrungen oder an anderen
Stellen zu erfahren möglich. Ich wollte hier
keine theoretische oder wissenschaftliche Abhand-
lung über die verschiedenen Fragen des U-Boots-
Baues und U-Boots-Lebens geben.

Nur kurz sollte in erzählender Form versucht
werden, einige nette Episoden aus unserem
Leben auf dem U-Boote, besonders zu Kriegszeiten, vorzuführen.

Zum besseren Verständnisse hierfür erschien es mir
nötig, hier und dort auf einzelne Dinge einzugehen,
die mit zu den Grundbedingungen des gesamten U-
Boots-Lebens gehören, dem Fernerstehenden aber
oft nicht ohne weiteres erklärlich erscheinen werden.

Ich habe mich daher bemüht, in erster Linie
hierbei derartige Fragen zu beantworten, die
mir entweder in Unterhaltungen von außenstehenden, nicht unserer Waffe oder nicht der
Marine angehörenden Bekannten, hauptsäch-
lich im Laufe des Kriegs, gestellt worden sind,
oder die ich selbst zu erklären für nötig erachtete.

Es würde mich freuen, wenn dieses oder jenes hier und da dankbar aufgenommen werden sollte.

Eine erschöpfende Schilderung und Erklärung zu geben, war nicht beabsichtigt und konnte auch jetzt nicht erfolgen, vielleicht findet sich hierzu einst nach siegreichem Friedensschlusse Gelegenheit.

Besonders aber würde es mich freuen, wenn bei manchem jugendlichen Leser die Lust und Liebe für den schönen, interessanten Dienst in der Kaiserlichen Marine beim Lesen dieses Büchleins geweckt worden wäre, und vor allem, wenn unsere liebe Unterseebootswaffe vielen Lesern hierdurch menschlich etwas näher gebracht wäre. —

Dann würden wir hoffen dürfen, daß die vielleicht in manchen Kreisen noch immer bestehende Scheu oder Abneigung vor dem Wasser, das keine Balken haben soll, mehr und mehr im deutschen Vaterlande verschwindet, und daß auch keine Sorge länger bei ängstlichen Müttern bestehen bliebe, ihre Söhne dem Dienste in der Marine zuzuführen.